Sabine Kühn & Ulla Knoll

Fallstricke auf dem spirituellen Weg

Sabine Kühn & Ulla Knoll

Fallstricke auf dem spirituellen Weg

Finde deine Balance

SILBERSCHNUR VERLAG

Copyright © 2017 Verlag »Die Silberschnur« GmbH

ISBN: 978-3-89845-556-5

1. Auflage 2017

Gestaltung & Satz: XPresentation, Güllesheim
Umschlaggestaltung: XPresentation, Güllesheim; unter Verwendung eines Motivs
von © strichfiguren.de, www.fotolia.com
Druck: Finidr, s.r.o. Cesky Tesin

Verlag »Die Silberschnur« GmbH · Steinstraße 1 · D-56593 Güllesheim
www.silberschnur.de · E-Mail: info@silberschnur.de

Inhalt

TEIL II: Fallstricke der Esoterik

Ein kleiner Abriss über unsere Intention, dieses Buch zu schreiben

Im Nachgang stellen wir fest, dass uns viele Ereignisse zu diesem Buch hingeführt haben. Doch der Auslöser war mit Sicherheit ein ganz normaler Vortrag. Je mehr wir im Anschluss daran für dieses Buch zusammensaßen, desto klarer wurde uns, wie überfällig es war.

Kommen wir zurück zum Auslöser. Unser Vortrag war ein voller Erfolg – oder sagen wir besser, wir empfanden ihn als vollen Erfolg aufgrund der Aufgeschlossenheit und der Mitarbeit der Teilnehmer. Zufrieden saßen wir mit ihnen noch ein wenig zusammen. Doch dann äußerte eine Kundin, dass sie auch einmal so weit sein wolle wie wir. Wir, die wir angeblich alles wissen und denen ja nichts mehr passieren könne!

Wir hörten in der Vergangenheit schon oft Aussagen wie: "Ach, dass euch so etwas passiert, wo ihr doch so viel Wissen habt!" Oder: "Ihr habt es gut, euch würde das nie passieren!" Oder man ist irritiert, weil wir auch mal gesundheitliche Probleme haben, ins Krankenhaus kommen oder Trauer oder auch Wut in uns aufsteigt.

Wir zucken immer zusammen, wenn wir feststellen, dass es Teilnehmer oder Kunden gibt, die uns und andere spirituelle Lehrer quasi auf einen Sockel stellen. Wir glauben, dass es hier Klärungsbedarf gibt. Und zwar eine ganze Menge! Was wir Ihnen während des ganzen Buches vermitteln, sind UNSERE Erfahrungen. Wir erheben absolut keinen Anspruch auf Allwissenheit. Nehmen Sie sich aus diesem Buch das heraus, was Sie in Ihrer aktuellen Situation annehmen können.

Wo fangen wir an? Sie werden feststellen, dass wir uns immer mal wieder wiederholen. Wir werden aus verschiedenen Zusammenhängen heraus auf "Fallstricke" hinweisen, die sich ähneln, oder auf Fundamentales verweisen, das in verschiedene Bereiche hineinspielt. Aber Wiederholungen schaden auch nicht, wenn man Neues verinnerlichen möchte.

Beginnen wir mit unserer Gesundheit. Mal sind wir superfit, dann wieder erleben wir Jahre, da löst ein Wehwehchen das andere ab. Spirituelles Wachstum ist also kein Gesundheitsattest! Für niemanden! Nur zu gerne möchte uns unser Ego vermitteln, dass wir, beschäftigen wir uns intensiv mit spirituellen Themen, eine Art Freibrief haben, auch für gesundheitliche Aspekte. Schnell gelangt man zu dieser Überzeugung in Zeiten, in denen alles extrem gut läuft. Man glaubt, die innere Stimme führe einen durch ein Leben in Balance, ohne Auf und Ab. Doch wir haben Kollegen sterben sehen, die über sehr viel Wissen verfügten, die hervorragende Lehrer für alternative Heilmethoden waren. Sie führten ein spirituelles Dasein und waren nach unserer Auffassung viel zu jung zum Sterben. Wir kennen Therapeuten, die unter Depressionen leiden, und spirituelle Lehrer, die sehr viele Schicksalsschläge in ihrem Leben zu meistern haben. Wir – oder sagen wir besser: unser menschliches Ego – möchte immer gerne alles wissen und verstehen, und so wünscht man sich eine Gerechtigkeit, die man persönlich als gerecht empfindet. So empfinden wir es als ungerecht, wenn ein lieber Mensch nach unserem Ermessen zu früh verstirbt oder wenn jemand an einer (unheilbaren) Krankheit leidet. Mögen wir allerdings jemanden nicht, so wünschen wir ihm schnell "die Pest" an den Hals, damit unser persönliches Gerechtigkeitsempfinden wiederhergestellt wird. Aber im Grunde hilft nur eine andere Weltanschauung, um alles besser zu verstehen. Und trotz allem Verstehen erleben wir, wie schnell man von Emotionen ergriffen wird und Herz und Verstand nicht mehr übereinkommen.

Die Art der Weltanschauung, auf die wir uns beziehen, beinhaltet verschiedene Aspekte. Was uns im Zusammenhang mit den Fallstricken als wichtig erscheint, beschreiben wir nachfolgend.

Dazu zählt für uns unter anderem die Annahme, dass wir alle spirituelle Wesen sind, die menschliche Erfahrungen machen. Um zu wachsen, zu akzeptieren und anzunehmen. Ebenso brauchen wir grundlegendes Wissen aus dem Bereich der Physik, beispielsweise das Wissen, dass Energie nie verloren geht, und darüber hinaus die Bereitschaft, uns mit Themen wie Karma (Ursache und Wirkung) auseinanderzusetzen. Wir sollten lernen, achtsam und bewusst durch unser Leben zu gehen. Auch das Wissen darum, dass unsere Existenz nach dem Tod nicht zu Ende ist, sondern weitergeht, gehört dazu.

Wissen zu haben bedeutet jedoch nicht gleichzeitig, dass wir dadurch sofort in der Lage sind, Emotionen und Gefühle zu steuern. Das ganze Wissen hilft uns wenig, wenn uns die Trauer um den Verlust eines geliebten Menschen überkommt. Das Wissen ist auf unserer analytischen Ebene, der Verstandesebene, zwar abrufbereit, es braucht jedoch viel Übung, es im Alltag auch anwenden und leben zu können.

Zudem vermag doch niemand vorherzusagen, was in Kürze, in einigen Stunden oder in der Zukunft wirklich vor ihm liegt.

Nur weil es gerade gut läuft, kann man leider nicht den Rückschluss ziehen, dass man jederzeit alles im Griff haben wird. Es bleibt nur zu hoffen, dass es uns und allen anderen Betroffenen immer wieder gelingt, offen zu sein für das Leben mit seinen Wendungen und im Vertrauen zum Leben zu bleiben, um die vor uns liegenden Herausforderungen zu meistern.

Die Annahme, dass man aufgrund von spirituellem Wissen oder einem besonderen "Gutmenschdasein" einen Sonderbonus im Universum hat und das Leben genau nach den eigenen Vorstellungen läuft, existiert sehr häufig. Schicksalsschläge, Erkrankungen oder zwischenmenschliche Herausforderungen haben da keinen Platz.

Wir enttäuschen die Teilnehmer unserer Seminare immer wieder, wenn wir erklären, dass es keinen Sonderbonus gibt. Stattdessen brauchen wir alle viel Hingabe an das Leben und ein bewusstes Verständnis über die spirituellen Gesetzmäßigkeiten. Mit ihrer Hilfe können wir schauen, wie wir unser Leben mit all seinen Herausforderungen meistern können. Denn Leben ist Veränderung, so schwer uns diese abschnittsweise auch fallen mag. Lernen wir, unsere Einstellung zu bestimmten Dingen zu verändern, so gelingt uns oftmals eine große Transformation – doch wir wissen nie, welche Prüfung hinter der nächsten Ecke auf uns wartet.

Alles, was wir beide in unserem Leben gelernt haben, lernten wir nicht nur aus Neugier. Es war eher die Neugierde darauf, wie man eine Krise bewältigen kann. Das heißt, da waren Schmerz, Leid und Kummer sowie Ängste aller Art. Manche verschwanden durch das Erlernte, aber neue kamen dazu und forderten und fordern uns noch immer heraus. Diese Krisen sind hilfreich. Man erkennt es oftmals nicht, solange man in ihnen steckt. Im Nachgang betrachtet, erkennt man dann jedoch, dass es diese Krisen gebraucht hat, um als Lehrer arbeiten und das Wissen entsprechend authentisch vermitteln zu können.

Unsere eigenen Erfahrungen und die durch den Kontakt mit vielen Kunden und Kollegen haben uns gezeigt, wie wackelig es werden kann, wenn man sich zu sehr darauf verlässt, großes spirituelles Wissen zu haben und mit esoterischer Weisheit gefüttert zu sein. Vor allem wenn diese Weisheiten, Aussagen oder Lehren fehlinterpretiert werden! Diese Fehlinterpretationen haben es in sich und bilden die Grundlagen für unsere Fallstricke. Wir haben so oft gehört: "Das hat mir so noch nie jemand erklärt!" Alles, was uns aus den letzten Jahren auffiel, erklären wir in den Fallstrick-Kapiteln.

Und noch etwas ist wichtig, um unseren Ausführungen folgen zu können. Wir machen sehr oft deutlich, dass es für uns einen Unterschied zwischen Spiritualität und Esoterik gibt. In den Köpfen vieler verweist das Wort Spiritualität direkt auf die Esoterik, sie setzen beides gleich.

Diejenigen, die beides gleichsetzen, können unsere Ausführungen Fallstricke von Esoterik und/oder Spiritualität nennen. Fangen wir mit der Esoterik an. Unter Esoterik versteht man meist religiöse Lehren, die nur Eingeweihten zugänglich sind. Es sind quasi Geheimlehren, die nur bestimmten Kreisen zugänglich waren oder es leider auch heute immer noch sind. Um vieles wird sehr viel Geheimniskrämerei veranstaltet. Doch heute vermischt sich die Ansicht über Esoterik und Spiritualität immer mehr, und wie wir eben schon beschrieben haben, ist es für viele das Gleiche und man sieht Esoterik nicht mehr unbedingt als Geheimwissenschaft oder Geheimlehre an. Immer mehr Menschen interessieren sich in den letzten Jahren für esoterische Themen. Wer sich der Esoterik öffnet, hat meist tiefere Beweggründe. Die Suche nach dem eigenen Lebenssinn oder mehr Lebensfreude oder ein Gefühl des Dazugehörens sind für viele der Grund, sich auf die Suche nach dem "gewissen Etwas" zwischen Himmel und Erde zu machen. Auch verschiedene Arten von Ängsten können der Auslöser sein und/oder die Hoffnung, das eigene Schicksal zu verstehen und verändern zu können.

Vieles, was man in der esoterischen Literatur oder auf Seminaren zum Thema findet, kann tatsächlich hilfreich sein. Jedoch sollte es endgültig aufhören, als etwas Besonderes zu gelten. Viel wichtiger wäre die Betrachtung unter spirituellen Gesichtspunkten! Gott sei Dank lösen sich immer mehr Menschen von dieser Betrachtungsweise der Esoterik und geben ihr eine sinnvolle Bedeutung. Sie hören auf zu kämpfen, nehmen an, was ihnen begegnet, und nutzen das Angebot oder das System, um in die Balance zu kommen. Sie wissen, dass sie eins mit der Welt sind, und widmen sich dem, was sie brauchen, um in Harmonie und Frieden mit sich zu kommen und so einen Beitrag zu einer guten Energie auf der Welt zu leisten. Spiritualität sagt: *Alles ist mit allem verbunden, alles ist eins.*

Das steht in krassem Widerspruch zur der Form von Esoterik, die sich auf Geheimwissenschaften und das Lernen von Geheimlehren beruft und diese dazu verwendet, um sich über andere Menschen oder Wesen zu stellen. In einem spirituellen Leben braucht es kein Geheimwissen oder keine Geheimwissenschaften. Sich diesen Gesichtspunkt der Spiritualität immer mal wieder zu Herzen zu nehmen, würde bedeuten, weniger Gefahr zu laufen, sich in den beschriebenen Fallstricken zu verheddern.

Unsere Dienstleistungen werden spontan der Esoterik zugeordnet. Daher ist es unser Bestreben, alles so bodenständig und alltagstauglich wie möglich zu vermitteln und aufzuzeigen, dass nichts Geheimes dabei ist und dass wirklich jeder spirituelles Wachstum erreichen kann. Sich als "Auserwählter" zu betrachten, kann sogar wirkliche Spiritualität verhindern, aber das werden Sie selbst erkennen, wenn Sie unser Buch fertig gelesen haben.

Menschen sind spirituelle Wesen, auch wenn sie es in den
on selbsternannten "Spirituellen" oder Esoterikern nicht

sind! Das ist wiederum für die, die nichts mit der Esoterik zu tun haben möchten, sie aber mit Spiritualität gleichsetzen, schwere Kost.

Spiritualität ist auch der Weg nach innen. Der Weg zu sich selbst. Man nimmt Dinge wahr als das, was sie sind, man nimmt sich wahr als das, was man ist. Während in der Esoterikszene Ausgrenzungen stattfinden, ist der wahre Spirituelle mit offenem Herzen unterwegs und versteht, wie Resonanzen funktionieren – und er kann sie transformieren. Oder er beschreitet Wege, um dies zu erlernen.

Der spirituelle Weg lässt sich gut mit einem Spaziergang vergleichen, durch alle Jahreszeiten hindurch. So gibt es Zeiten wie das Frühjahr, in denen wir bereit sind, Neues zu erkunden. Wir wollen wissen, lernen, ausprobieren und wachsen. Dann folgt der Sommer, und wir genießen in voller Blüte und in ganzer Pracht die Ziele, die wir bisher erreicht haben. Es gibt Phasen, die den Herbst spiegeln. Wir sind müde, in uns gekehrt, wir brauchen Ruhe und Rückzug. Und es folgen Lebensabschnitte, die sind wie der Winter. Wir suchen einen Weg und finden ihn nicht. Er scheint unter dem Schnee oder dem Eis begraben zu sein. Wir scheinen nicht vordringen zu können, oder wir rutschen sogar aus und fallen sinnbildlich hin und müssen schauen, wie wir wieder hochkommen. Der Weg der Spiritualität ist nicht der Weg der Massen. Er ist eher ein Waldspaziergang, auf dem man alleine auch mal Angst hat und sich verloren vorkommt, und dann wieder findet man jemanden oder etwas, das einen ein Stück begleitet. Manchmal ist es ein spiritueller Mentor, der im richtigen Moment auftaucht und der immer wieder zurate gezogen werden kann, aber nicht ständig mit einem geht und vor allem nicht den gleichen Weg hat.

Der spirituelle Weg liefert uns viele Erkenntnisse von innen heraus. Wir lernen, Verantwortung zu übernehmen für alles, was uns widerfährt.

Denken wir an die Esoterik, fallen uns meist Dinge wie Räucherstäbchen, Kartenlegen, Orakel, Wahrsagekugeln, Kreistänze oder irgendwelche Rituale ein. Scharen an Lernwilligen strömen zu esoterischen Veranstaltungen und streben der selbst interpretierten Erleuchtung entgegen – doch manche entfernen sich dadurch sogar eher von ihr.

Zahlreiche nach Wachstum strebende Menschen verkonsumieren so viele Lehren und Seminare, dass die Details selbst nie zur tiefen Anwendung gelangen. Immer auf der Suche nach der schnellen Lösung, dem Allheilmittel für ihr Problem. Dabei könnten sie schon längst Hilfe erfahren haben, wenn sie sich wirklich auf das Erlernte und ihre wahren Fähigkeiten besinnen würden. In dem großen Angebot ihre persönliche Inspiration für den eigenen Weg gefunden hätten. Sehr viele Lehrer vermitteln ihr Wissen richtig gut, aber es wird von vielen Schülern nicht mit Hingabe angewandt oder sogar falsch verstanden oder interpretiert. Sie forschen nicht und sind nicht in der Lage, die richtigen Schlüsse oder Lehren aus dem vermittelten Wissen zu ziehen.

Andere analysieren und zerreden permanent sämtliche Geschehnisse – egal ob es sich dabei um eigene oder fremde Anlässe handelt – und geben die Verantwortung an Lehrer, Coaches oder sogar an ihr Karma ab. Viel zu oft erlebten wir, dass diese Leute es dem Universum oder den Aufgestiegenen Meistern und Schutzengeln überlassen, das eigene Leben zu richten, und bis dahin ertragen sie unter Anklage und Selbstanklage ihre Last. Manche sind nicht bereit, ihre Einstellung zu ändern, andere Perspektiven einzunehmen sowie sich aktiv und mutig dem Leben zu stellen. Sie sind nicht bereit, eigene Ressourcen zu erkennen und anzuwenden. Stattdessen geben sie ihre Verantwortung ab und folgen blind irgendwelchen Ausführungen spiritueller Lehrer.

Auf manchen Esoterikmessen oder Angebotsplattformen finden wir zeitweise besorgniserregende Lehren, Methoden sowie

Ansichten. Aber es betrifft nicht alle! Wir werden nicht müde, das zu wiederholen! Es gibt sehr viele hervorragende Lehren, Lehrer und Lehrerinnen. Wie soll man also Suchenden zeigen, auf was zu achten ist? Wer hat recht? Jeder aus seiner Sicht? Es ist gar nicht so einfach, sich in diesem Dschungel zurechtzufinden.

Daher ist es uns ein Anliegen, wichtige Impulse zu geben, damit noch mehr Menschen die Chance bekommen, ein erfülltes Leben voller Selbstvertrauen und Wachstum zu erfahren, statt durch esoterische Lehren oder falsch verstandene spirituelle oder esoterische Aussagen zu unglücklicheren Menschen zu werden. In allen beschriebenen "Fallstricken" in diesem Buch haben wir uns selbst oder unsere Klienten schon einmal verfangen – wir alle haben uns schon einmal "verrannt", waren frustriert und erstaunt, wenn wir schließlich ein AHA-Erlebnis nach Vorträgen, Seminaren oder Beratungen hatten.

Tritt man in die Welt der Esoterik ein, hört man nicht selten den Spruch: Du bist ja einer/eine von uns. Wir müssen zusammenhalten. Doch geht es wirklich darum, sich als "spirituell" zu betiteln und besser bzw. spiritueller als andere zu sein? Geht es nicht vielmehr darum, dass wir bereit sind, uns selbst in allen Facetten kennenzulernen, zu lieben, die Verantwortung für uns übernehmen und in die Akzeptanz zu gehen? Darunter verstehen wir nicht, alles gutzuheißen, was ist. Das wäre eine Form von Lethargie. Situationen sind so, wie sie sind, damit wir daraus lernen. Wir haben sie erschaffen, dafür ist die Akzeptanz notwendig. Aber wenn wir erkennen, dass es etwas zu verändern gilt, brauchen wir Visionen, Mut und Hingabe und das Vertrauen, dass wir etwas verändern können. Und vor allem müssen wir handeln. Wir vertiefen das später.

Wir wagen zu behaupten, dass die Esoterik sehr oft von Menschen benutzt wird, um ihren Problemen zu entfliehen. Doch dies kann schmerzhaft enden, noch schmerzhafter als alles, was bisher war und uns erst in die Welt der Esoterik getrieben hat. Auch dies wird durch die beschriebenen Fallstricke klarer. Wir haben auch sehr viele Menschen kennengelernt, die seit der Beschäftigung mit der Esoterik nicht mehr mit einem "normalen" Alltag zurechtkommen. Sie haben in immer mehr Bereichen ihres Lebens Probleme, statt ausgeglichener und zufriedener zu werden. Das kann sicher nicht der richtige Weg sein.

Ich bin in der esoterischen Welt gelandet, als ich mit der Schulmedizin nicht an mein erhofftes Genesungsziel kam. Die von mir erlernten alternativen Heilmethoden werden der Esoterik zugeordnet. Doch ich habe eines gelernt: Ich habe mir damit keinen Ausruhbonus erwirtschaftet. Die Heilmethoden haben mir geholfen, doch es gibt immer neue Herausforderungen. Bei mir und auch bei Ulla.

Zu glauben, dass man mit genug Wissen immer alles nach seinen bewussten Wünschen formen kann, ist ein Irrglaube. Natürlich darf man sich alles wünschen, und man sollte dann auch die entsprechenden Handlungen einleiten, die eine Wunscherfüllung möglich machen. Doch sollte man sich von der Erreichung des Zieles nie zu sehr abhängig machen, denn manchmal hat das Schicksal andere Aufgaben für uns vorgesehen. Macht man sich emotional nicht zu sehr von dem Wunsch abhängig und übt sich – auch als Lernaufgabe – in Hingabe und Gelassenheit, dann bringt das Freiheit und Akzeptanz. Es bringt Lebensenergie! Wer kann schon absehen, wann er an diesem Punkt ist. Wer sich abgesichert fühlt, weil er gerade gesund ist und materiell keine unbefriedigten Bedürfnisse hat oder auf sich zukommen sieht, der mag von sich behaupten, dass dies keine Themen mehr für ihn sind. Doch wehe, wenn das Schicksal plötzlich zuschlägt.

So haben wir große spirituelle Lehrer erlebt, wie sie zusammenbrachen, unheilbar erkrankten oder andere Rückschläge erlebten und weit entfernt von ihren Wünschen gelandet sind. Wir haben uns beide sehr viele Wünsche erfüllen können, einige sind aber auch unerfüllt geblieben. Damit umzugehen und dies in Heilung zu bringen, ist eine Aufgabe, der man sich stellen muss und für die es das spirituelle Grundverständnis braucht. Manchmal braucht es auch Zeit, um Dinge zu verarbeiten, Zeit für Trauer, Zeit für Abschied, Zeit bis zu einem Neuanfang.

In esoterischen Kreisen wird da vieles "weggelächelt" und oftmals ist der Ausspruch "Alles ist gut" oder "Ich bin total im Frieden damit" eher ein Lippenbekenntnis als der Ausdruck der wahren Gefühle.

So oft sehen wir, wie Menschen auf Knopfdruck ein Dauerlächeln für die Zeit einer Veranstaltung oder Zusammenkunft mit esoterisch Gleichgesinnten im Gesicht stehen haben, obwohl deren Ausstrahlung keinesfalls zu ihrem restlichen Ausdruck passt. Es war keine spontane, offene Freundlichkeit. Noch viel mehr vermissten wir bei vielen Begegnungen Leichtigkeit gepaart mit Freude. Wer ein wenig emotionale Empathie hat, wird das schnell erkennen.

Zahlreiche Menschen sind nicht annähernd so im Frieden mit sich und der Welt, wie man denkt. Niemand ist immer im Frieden mit sich. Wir alle haben Themen, die wir in diesem Leben noch klären dürfen – und welche noch kommen, werden wir sehen. Man sieht es uns an!

Vieles wirkt in der Esoterikszene auf Außenstehende künstlich und aufgesetzt, und das ist in der Tat sehr oft so. Aber sollten wir nicht das Ziel haben, authentisch zu sein? Wirkliche Freude zu erleben? Unsere wahren Gefühle zu zeigen?

Ganz skurril war die Erfahrung für uns, dass es Messeteilnehmer gab, die versuchten, angebliche negative Energien aus den Messehallen zu vertreiben. Man empfahl Ausstellern, sich zu schützen. Schutz vor den Energien der Besucher! Manche hatten Rituale, um Energien zu verspiegeln, zu verriegeln, abzuschirmen, zurückzusenden und vielleicht war da noch viel mehr dabei. Bis zum Ende des Buches dürfte Ihnen klar werden, worin hier die Fallstricke liegen und warum das so nicht funktionieren kann. Manchmal treffen wir auf leidgeplagte "Heiler". Sie ertragen ihre Berufung und ihre Last demütig – die Last, sich mit diesen Energien beschäftigen zu müssen. Sie müssen der geistigen Welt dienen, die ihnen scheinbar diese Last aufgezwungen hat. Wiederum andere glauben, dass Entbehrungen und Opfer ein Indiz für Spiritualität seien.

Es gibt in der Esoterikszene genauso viele Menschen, die unglücklich und/oder krank sind, wie sonst wo auch. Und es gibt unter all den Menschen, die noch nie etwas von Esoterik gehört oder sich mit diesen Themen beschäftigt haben, viele, die zufrieden und glücklich sind und ein Leben im größtmöglichen Einklang mit der Natur führen. Sie sind dankbar für das, was sie haben.

Es muss sich etwas verändern, und die Veränderung ist schon in vollem Gange. Viele Buchhandlungen verkleinern ihre Esoterikecke, zahlreiche Esoterikläden beklagen Existenzprobleme oder haben bereits geschlossen und viele in diesem Bereich Selbstständige suchen neue Herausforderungen, um ihren Lebensunterhalt bestreiten zu können. Es ist ein schwierigeres Feld geworden. Obwohl immer mehr Menschen in Zeiten des Stresses und der Überforderung nach Geborgenheit, Ruhe, Sicherheit und einem Lebenssinn suchen, hat es die esoterische Szene nicht unbedingt leichter.

Es gab also viele Anlässe, die uns zu diesem Buch bewegt haben. Viele Geschichten, viele Erfahrungen, die wir am eigenen Leib gespürt haben und als stiller Beobachter. Wir haben sie für Sie zusammengefasst, gepaart mit ein wenig Ironie hier und da, um Ihnen ein Lächeln auf die Lippen zu zaubern, denn Lachen ist die beste Medizin! Sie sollen Spaß haben, am besten auch beim Lernen, und Sie sollten auch manchmal über sich selbst lachen, wenn Sie sich in einem der Fallstricke wiederfinden. Es geht dabei nicht um Verurteilungen, sondern um Impulse zum Nachdenken. Das Buch soll dazu dienen, diejenigen, die nicht weiterkommen, die festhängen, obwohl sie so viel gelernt haben, aufzurütteln und durch neue Einsichten zu unterstützen. Das ist unser Anliegen. Wir möchten helfen, die Esoterik und die Spiritualität bei noch mehr Menschen zu vereinen. Egal, was wir in den Fallstricken beschreiben, es geht hier nicht um Verurteilungen!

Es war nicht immer einfach, alles so auszuformulieren, dass es hoffentlich keine Fragen aufwirft, sondern Zweifel beseitigt. Während man schreibt, ist einem alles so bildlich zugegen und so klar. Die richtigen Worte zu finden, damit sich niemand angegriffen fühlt und eine Anleitung findet, wie er eine andere Sichtweise einnehmen kann und spirituelle Grundlagen vereint, war zeitweise schwieriger als gedacht. Doch wir hoffen, wir haben die Gratwanderung gemeistert, und wir wünschen uns, dass Sie von esoterischen oder spirituellen Lehren nicht in eine Sackgasse geführt werden, sondern wirkliche Hilfe darin finden.

Bei allem, was wir tun, ob im Seminar oder bei Coachings, bemerken wir immer wieder: Jeder Teilnehmer ist zugleich auch ein Lehrer für uns. Wir alle sind von Geburt an erleuchtet – wir merken es nur leider nicht. Doch wenn wir geboren werden, können wir alle hellsehen, hellhören, sind feinfühlig und unsere feinstofflichen Energien sind auf das Feinste ausgebildet. Dann werden wir "erzogen", wir werden angepasst, wir werden "normal" gemacht. Mehr und mehr achten wir nicht mehr auf diese Fähigkeiten, die mit der Normalität nur wenig zu haben, denn wir können sie nicht sehen, wir können sie nicht anfassen – kurz: Wir können sie mit unseren sechs Sinnen nicht begreifen. Und alles, was wir nicht begreifen können, macht uns Angst – deshalb lehnen wir es ab.

Diese Angst, die sehr natürlich ist, da wir mit Unbekanntem konfrontiert werden, wird von verschiedenen Seiten genutzt. Und hier kommen wir zu einem weiteren Grund, warum wir uns entschieden haben, dieses Buch zu schreiben: der Missbrauch der Esoterik. Das perfide Spiel mit der Angst der Menschen, denen suggeriert wird, dass sie klein und unwissend seien, während der "esoterische Meister" ihnen angeblich weit überlegen ist und gnädigerweise – sowie oftmals auch gegen ein stattliches Entgelt – seine Hilfe anbietet.

Wir alle haben Zugriff auf althergebrachtes Wissen. Nennen wir es nun morphogenetisches Feld, innere Stimme, Channeling, Kontakt zu Archetypen, höheres Selbst, absolutes Selbst oder Matrix. Tatsache ist: Es ist alles mit allem verbunden. Deshalb haben wir alle Zugang zu Allem-was-Ist.

Dies wollen wir Ihnen, liebe Leser, näherbringen. Wir wollen Sie zurückführen zu Weisheit, Empfinden und klarer Sicht. Wir wollen Ihnen zeigen, wie Unterschiede von Vorteil sind und wie wir sie nutzen können. Wir freuen uns, wenn Sie uns begleiten auf unserem Weg raus aus der Verurteilung, aus dem Schubladendenken und den Vorurteilen. Lassen Sie uns gemeinsam lernen, was Akzeptanz, Respekt und Liebe bewirken.

Wer ein wirkliches Abenteuer auf der Erde erleben will und seine Macht erleben möchte, dem empfehlen wir, sich auf das größte Abenteuer einzulassen, das es gibt: sich mit all seinen Fehlern und Stärken zu erleben und die Bereitschaft zu zeigen, sich in allen Facetten selbst kennen- und lieben zu lernen!

Danke, dass Sie dabei sind!

TEIL I:
Etwas zum Einstieg

Warum wir glauben, dass esoterische Lehren auch Risiken bergen

Einige Menschen glauben, dass sie durch esoterische Lehren mehr Macht im Leben oder Macht über andere gewinnen können. Schaut man sich das derzeitige Weltgeschehen an, so wissen wir, was Machthunger aus unserem Planeten und dem Miteinander auf diesem macht.

Ängstliche Menschen mit wenig Selbstbewusstsein laufen Gefahr, dass sie sich auf der Suche nach der Sinnhaftigkeit ihres Lebens, dem Wunsch nach Stärke und Erlösung aus einer Situation von esoterischen Lehren und Lehrern abhängig machen. Hier kommt es nicht selten zu ungesunden Abhängigkeiten von selbsternannten Gurus und Heiligen. Häufiger führt dies sogar dazu, dass die Menschen im normalen Alltag, außerhalb dieses vermeintlich geschützten Rahmens der esoterischen Gruppen, noch mehr Ängste verspüren und sich mehr und mehr aus dem normalen Alltag und der Außenwelt zurückziehen.

Es sollte doch aber genau andersherum sein. In späteren Abschnitten gehen wir noch darauf ein, warum Loslassen nur durch

Annahme geschehen kann und warum die Annahme oft schmerzhaft erscheint und vermieden wird. Aber genau durch diese eine Vermeidungsstrategie bewegen wir uns in einen scheinbar nicht endenden Kampf um inneren Frieden, Ruhe, Geborgenheit und Liebe. Und das können sich all diejenigen zunutze machen, die Menschen von sich abhängig machen wollen.

Wir müssen allerdings auch erwähnen, dass es sehr viele sehr gute Seminare gibt, vielen Menschen aber die Disziplin und die Geduld fehlen, das Erlernte anzuwenden, und sie dann unberechtigterweise über die Esoterik klagen, was aber nichts mit dem Lehrer oder den Ausbildern zu tun hat. Auch haben wir schon erlebt, dass Kunden etwas nicht verstehen, aber auch nicht nachfragen und dann sagen, dass ihnen das alles nichts gebracht habe.

Wer unser Buch im Ganzen liest, wird feststellen, dass die Psyche und das, was dort unbewusst wirkt, nach unserer Auffassung der Grund für Stressfaktoren und diese wiederum die Auslöser für Krankheiten sein können.

Die Basis, auf der Krankheiten entstehen und gedeihen, ist Konflikt. So können es beispielsweise Konflikte mit den Eltern, dem Partner, den Kindern, Bekannten und Freunden, am Arbeitsplatz mit Kollegen oder dem Chef sein. Nicht zu vergessen: der Konflikt mit uns selbst. Wir haben einen Auslöser für die Konflikte, und wir haben Symptome aufgrund der Konflikte. Beides muss zusammen gesehen werden. Entweder erkrankt ein Organ und drückt sich dann in Beschwerden der Seele aus oder die Seele ist krank und projiziert die Krankheit dann auf ein Organ. Behandeln wir nur die Symptome, so bleibt die Ursache bestehen und wird bei nächster Gelegenheit wieder "zuschlagen".

Es geht dabei darum, alte Heilmethoden mit neuen Erkenntnissen und Errungenschaften der Wissenschaft zu kombinieren. Es geht nicht darum, das eine zu favorisieren und das andere zu verdammen.

Wenn wir dann in den Medien mitbekommen, dass Menschen ganz von schulmedizinischen Maßnahmen weggehen, dann kann das wirklich gefährlich werden.

Ich habe einige schlechte Erfahrungen mit der Schulmedizin gemacht. Auf der anderen Seite würde ich heute ohne die Entfernung der Zysten, ohne den Eingriff am Arm nach dem Reitunfall entweder nicht mehr leben oder vielleicht mit schweren Behinderungen. Notwendige schulmedizinische Maßnahmen können Leben retten, und wir sollten uns nicht in spirituellem Stolz verlieren und dies nicht in Anspruch nehmen. Jedoch können wir jederzeit Lehren studieren, sie auf Dienlichkeit für unser Leben überprüfen und einen zusätzlichen Nutzen daraus ziehen.

Wir unterrichten unsere Erfahrungen. Wir kennen Stolpersteine, Grenzen und können Mut machen. Wir können zusätzliche mögliche Wege aufzeigen, weil wir selbst gelernt haben, dass wir selbst gesetzte Grenzen überschreiten können. Aber wenn die Gesundheit auf dem Spiel steht, gehen wir beide auch zu Ärzten, die unser Vertrauen genießen.

Die Esoterikszene ich nicht umsonst vielfach so in Verruf geraten. Eingebunden im Alltag, gestresst und auf der Suche nach Hilfe, vernachlässigen viele Anwender ihren gesunden Menschenverstand.

Es ist nicht einfach herauszufinden, was tauglich sowie hilfreich ist und was nicht.

Manchmal ist es die Blockade in uns, die es zu lösen gilt, die uns unsicher macht, und manchmal ist es das Bauchgefühl, dass uns vorwarnt und signalisiert, dass die angepriesene Methode oder das beworbene Hilfsmittel "Blödsinn" ist. Und manchmal haben wir ein Bauchgefühl, das uns suggeriert, dass etwas nichts für uns ist, aber in Wirklichkeit erinnert uns das Gefühl nur an eine alte Verletzung und es geht genau darum, diese Angst oder das ungute Gefühl zu überwinden. Es ist also gar nicht immer so leicht, Situationen einzuschätzen und wirklich wachstumsfördernd zuzuordnen.

Wir leben in einer Gesellschaft, in der Beweise und Studien zählen. Diese sind in der Spiritualität und Esoterik aber selten anwendbar. Daher ist es in diesen Bereichen so wichtig, ein gutes Körpergefühl zu nutzen, gepaart mit Verstand.

Aber: Alles esoterische Treiben und Gutmenschdasein nutzt nichts, wenn wir es nicht schaffen, Lebensfreude zu finden!

Leider sind auch gute spirituelle Lehrer in Verruf geraten, weil die Menschen ihren gesunden Menschenverstand nicht mit einbeziehen und scheinbar "blind" irgendwelchen Ausführungen folgen oder diese sogar missverstanden haben. Dann wird der Lehrer verantwortlich gemacht, statt bei sich selbst zu schauen. Wir erleben ja selbst, wie oft etwas anders verstanden wird, als wir es lehren.

Besonders zu beobachten ist, dass so manch einer spirituellen Lehrern folgt, besonders Frauen Männern, die auf sie sehr spirituell wirken (manche sind es tatsächlich). Die Anwesenheit solcher Männer vermittelt ihnen das Gefühl, verstanden zu werden oder geborgen oder angekommen zu sein. Das wollen sie öfter fühlen, und da sie nicht wissen, wie sie das in sich finden oder in ihrer tatsächlichen Lebenssituation leben sollen, geben sie sich dem ganzen Angebot dieses Lehrers hin, in der Hoffnung, das Gefühl bliebe ewig.

Stellen sie eines Tages fest, dass sie sich etwas hingegeben haben, dass ihre Erwartungen am Ende doch nicht erfüllt, erfahren sie einen Zusammenbruch. Wut, Ärger, Hass und Zorn machen sich breit und verhindern wahres Wachstum.

Daher beschreiben wir in dem Buch auch, wie Sie sich selbst Stück für Stück helfen können und wie Sie achtsamer gegenüber den Angeboten auf dem Markt werden können.

Das Geschäft mit der Angst – falsch verstandene Spiritualität

Uns erstaunt immer wieder, wie viele esoterische Lehren Ängste schüren. Geht es nicht darum, Vertrauen und Lebensfreude zu finden? Suchen wir nicht alle nach dem Glück?

Wir haben von Lehrern erfahren, die vor dunklen Kräften und Mächten warnen und damit erreicht haben oder erreichen, dass sie Menschen in ihrer Kraft und Macht klein machen. Sie schüren Angst und geben gleichzeitig zu verstehen, dass es nur ganz bestimmten Lehrern oder Heilern vorbehalten ist, bestimmte Dinge zu klären oder zu lösen. Oftmals benennen sie sich selbst, um das vorhandene Leid oder anstehende Leid als einzige auserwählte Person lindern zu können.

Gehen wir in die Angst, schwächt das unsere Aura, unser natürliches Schutzschild, unser gesamtes Energiesystem. Als Folge sackt unser Energielevel ab und wir fühlen uns machtlos und ergeben. Geht es nicht darum, die Energie und das Vertrauen zu stärken? Lehrer, die drohen, können bei ängstlichen Menschen einen Energieabfall und Abhängigkeit erreichen. Ist das spirituell?

Aber man findet es in der Esoterikszene. (Wir beschreiben später noch, was es mit niedrigen Energien auf sich hat und warum wir dadurch schnell in einen Teufelskreis geraten.)

Manches wiederholen wir hier in verschiedenen Absätzen und Kapiteln, weil es wichtig ist. Und je öfter man etwas liest, desto höher ist die Wahrscheinlichkeit, dass es verinnerlicht wird – und das ist ja unser Ziel.

Je mehr Menschen wir in der "spirituellen Szene" treffen, desto mehr fällt uns auf, wie viele sich jeden Tag mit dem beschäftigen, was in der Welt nicht optimal läuft. Wir finden Menschen, die sich auf den nächsten Weltkrieg vorbereiten, die weiter dem Weltuntergang entgegensehen und hinter jedem Politiker, jedem Konzern eine Verschwörungstheorie wittern. Vieles, was in der Welt vorgeht, finden auch wir befremdlich, und es geht eindeutig um Macht und Habgier und nicht – wie man es sich im spirituellen Leben wünscht – um ein Miteinander und bedingungslose Liebe. Vielmehr greift Respektlosigkeit um sich. Respektlosigkeit vor der Natur, den Ressourcen der Erde, der Würde des Menschen, ...

Da gibt es viele Videos im Internet mit Warnungen vor negativen Energien, vor Manipulation und zahlreiche Verschwörungstheorien. Damit möchten wir nicht zum Ausdruck bringen, dass wir sicher sind, dass es diese Verschwörungen nicht gibt. Alle Menschen sind manipulierbar, und wir sind ein Teil des ganzen Weltgeschehens, also mittendrin im Strudel von eventuellen Verschwörungen und Manipulationen. Wir sagen mit Absicht "alle Menschen" sind manipulierbar, auch die, die auf dem spirituellen Weg sehr weit gekommen sind. Gehen wir – nur als Beispiel – von uns selbst aus, können wir sagen, dass wir, wird unsere Familie bedroht oder als Druckmittel benutzt, manipulierbar sind, obwohl wir das Spiel durchschauen. Wenn wir unser Leben ehrlich beobachten, so werden wir feststellen, dass wir selbst tagtäglich manipulieren, bewusst oder unbewusst. Manipulation ist zu einem "alltäglichen bzw. normalen Spiel" geworden. Wir manipulieren durch Worte, durch Handlungen, ganz unbewusst.

Wir werden oft gefragt, wie wir das sehen und was wir dagegen tun, und unsere Antworten gefallen nicht jedem. Wir schauen so gut es geht jeden Tag, was es an uns selbst zu transformieren gilt. Und glauben Sie uns, das sind teilweise Lebensaufgaben. Wir sind Menschen, wir haben auch Schwächen und wir haben Tage, da sind wir sauer, wir schimpfen, wir wünschen uns eine bessere Welt – und gleichzeitig schauen wir genau bei uns selbst und erkennen die kleinen Schritte, die wir gehen müssen. Es gilt, einen Weg in die eigene Kraft und Mitte zu finden, um weniger angreifbar zu sein. Doch der Weg des "Ankämpfens" ist kontraproduktiv und wir erleben regelmäßig hitzige Diskussionen bis hin zu Trotz und Abwendung, wenn wir auf die kritischen Punkte hinweisen. Selbst kommt man an manche Themen gar nicht ran. Da braucht es einen Berater, Mentor oder Coach, der die Situation ganz anders und emotional neutral beurteilen kann.

Wir kennen zahlreiche Heiler und Esoteriker, spirituelle Berater und Seminarleiter, die sich so intensiv mit diesen Katastrophen- und Weltuntergangsszenarien befassen. Sie verstehen nicht, dass sie genau diese Realität mit ihrem Tun erschaffen.

So hören wir von Erzengel Michael mit seinem Schwert. Und er kämpft! Ein Erzengel! Wir sind sicher nicht die einzigen existierenden Energieformen. Das Universum wird voll davon sein. Wir müssen jedoch lernen, in die Einheit zu kommen. Wenn wir Michael – dem wir selten ein androgynes Wesen zusprechen – in unseren Köpfen männlich mit einem Schwert abbilden, dann sollten wir dies tun, um die Energie zur Ablösung von dem Bösen oder alten Bindungen, die uns nicht mehr dienlich sind, zu nutzen. Nicht um ihn im bildlichen Sinne im Kampf zu sehen. Mit seiner Hilfe können wir unerlöste Wesensanteile transformieren und überflüssige Machtkämpfe umgehen.

Wenn wir uns als Sklaven des Weltgeschehens betrachten, bleiben wir in unserer Entwicklung stecken. Wir müssen aufhören, uns ständig mit diesen Dramen zu beschäftigen und unter allen Umständen deren Wahrheits- oder Lügengehalt zur Schau zu stellen. Dies bringt kein positives Wachstum, keine Befreiung, keine Liebe und keinen Frieden. Stattdessen nähren wir energetisch genau das, was wir nicht haben möchten.

Doch wir haben alle die Chance, unsere Zeit sinnvoll zu nutzen. Produktiv. Dinge mit Liebe und Hingabe zu tun, mit Dankbarkeit und Wertschätzung. Niemand kann sich gut fühlen und ein strahlendes Energiefeld haben, wenn er sich mit Machtkämpfen und Dramen beschäftigt. Wer aber Glück darin findet, ein paar Kräuter zu suchen und zu verarbeiten, wer in seiner Tätigkeit voll und ganz aufgeht und damit im Hier und Jetzt lebt, der stärkt seine Energie. Dieser Mensch trägt zu Frieden und Freude bei und verändert Dinge positiv. Ängste zu schüren oder zu verstärken, bringt Menschen aus ihrer Mitte und lässt ihr Energiefeld zusammensinken.

Passen wir nicht auf und lassen uns in die ganzen Dramen mit hineinziehen, fallen wir schnell in ein Opferdasein und resignieren oder werden depressiv. Oder wir kämpfen und nähren, was wir nicht haben möchten. Ein perfides Spiel hat uns in der Hand. Eines, das wir selbst erschaffen haben.

Energie folgt der Aufmerksamkeit. Das bedeutet, es wächst immer das, worauf wir unsere Aufmerksamkeit richten. Wir alle wollen nur eines: die Liebe! Wir wollen lieben und geliebt werden. Doch wir haben Bedingungen an diese Liebe! Und da drehen wir uns im Kreis, schon kämpfen wir wieder um Liebe, statt einfach Liebe zu leben. Das ist so schwierig, es ist richtig, richtig schwer, dorthin zu kommen. Denn wenn wir in der Liebe sind, finden "negative" Energien keine Resonanz mehr zu uns. Dies zu lernen, ist unsere Aufgabe. Und was sich so einfach anhört, ist die größte Herausforderung überhaupt.

Wer es immer noch nicht glauben mag, dass es keinen Sinn macht, mit Ängsten zu arbeiten und zu kämpfen, beschäftigt sich am besten mit der Quantenphysik. Die Quantenphysik hilft uns bei der Erklärung dieses Phänomens. Quanten sind kleinste Teilchen, die nicht weiter teilbar sind. Sie folgen ihren eigenen Regeln, und ihr Verhalten kann durch Bewusstsein beeinflusst werden. Die Quantenphysik beweist, dass unser Bewusstsein Materie beeinflusst und Realität erschafft. Solange wir unsere Aufmerksamkeit auf die Dinge richten, die wir loswerden oder verändern möchten, halten wir genau an dem fest und schaffen es immer wieder neu.

Der spirituelle Lehrer

Ein guter spiritueller Lehrer motiviert! Er zeigt den Schülern ihre Stärken und animiert sie dadurch, einen natürlichen Schutz zu finden, indem sie eine positive Lebenseinstellung finden und eine leuchtende Aura bekommen, die natürlichen Schutz bietet und dadurch immer weniger mit niedrig schwingenden Energien in Resonanz geht. Er weiß, was sein Schüler an Potenzial hat, und schaut, dass dieser zu einem selbstbestimmten Leben und einer positiven Ausrichtung gelangen kann. Ein guter spiritueller Lehrer weiß von sich, dass er bis zu seinem letzten Atemzug selbst Schüler bleibt und dass auch seine Lernaufgaben nicht aufhören. Er wird seine Schüler oder Klienten darin unterstützen, groß zu werden, statt klein zu bleiben. Er wird bestrebt sein, dass sie sich ihm nicht unterordnen, nicht zu ihm aufschauen, sondern eigenständig ihren Weg gehen.

Ein guter spiritueller Lehrer agiert immer auf Augenhöhe mit seinem Schüler. Es ist nicht selten, dass während eines Seminars oder Coachings ein plötzlicher Rollenwechsel stattfindet und der Lehrer zum Schüler und der Schüler zum Lehrer wird.

Wir durften des Öfteren feststellen, dass in jedem Vortrag oder Seminar ein Teilnehmer nur für uns da ist. Er hat die Aufgabe, uns mit dem zu konfrontieren, was bei uns aktuell ansteht.

Die Essenz der Spiritualität liegt zu einem großen Teil genau in diesem Wechselspiel. Denn auch hier zeigen sich wieder das Miteinander und das gegenseitige Unterstützen.

Esoterische Erklärungen
versus Verstand

A us der Gehirnforschung ist bekannt, dass unser Verstand versucht, Glaubenssätze – egal ob bewusste oder unbewusste – zu bestätigen. Das bedeutet: Wenn wir etwas glauben, werden wir immer wieder Situationen finden, die uns genau das bestätigen. Und genau hier kann es in esoterischen Kreisen zu Stagnationen in der Entwicklung kommen, also genau zu dem Gegenteil von dem, was sich diese Personen im Grunde wünschen.

Wie beziehen uns hier auf ein Beispiel, das wir im Frühjahr "live" mitbekommen haben und hier in eigenen Worten wiedergeben. In einem Forum ging es darum, dass die Menschen im März darüber stöhnten, wie müde sie gerade sind und wie antriebslos sie sich fühlen. In dem Forum wurde dann die Energieanhebung der Erde, die Öffnung von "Toren" angegeben.

Viele schrieben, dann seien sie ja beruhigt und wüssten, dass gerade ihre Energie sich nicht mit der der Erde verträgt, weil sie den Aufstiegsprozess der Erde in eine andere Dimension mit tragen müssten.

Nun, rein sachlich ließe sich das auch folgendermaßen erklären: Zu Symptomen der Frühjahrsmüdigkeit zählen Schlaflosigkeit, Kopfschmerzen, Stimmungsschwankungen, Gereiztheit und Kreislaufschwächen. Der Körper hat von Urzeiten an im Winter mehr Ruhe, da es eher dunkel wird und wir länger ruhen konnten. Dies ist in der heutigen Zeit aufgrund künstlichen Lichtes und unseres Lebenswandels kaum mehr so. Das heißt, in einer Zeit, die früher der Ruhe diente, leben wir wie im Sommer weiter und verbrauchen mehr Energie, als uns guttun würde. Dann folgt die Umstellung auf die Sommerzeit. Wir haben in den Wintermonaten die Serotoninspeicher (Glückshormone) geleert und können nicht mehr auf Reserven zugreifen, sondern müssen diese neu aufbauen. Wir brauchen vermehrt Vitamine, viel Sonnenlicht, Bewegung und frische Luft.

Flüchte ich mich in esoterische Erklärungen, kann das gesundheitliche Folgen mit sich bringen. Ich versäume dann, auf meinen Körper zu hören. Ich leide weiter, weil ich so eine gute Lichtarbeiterin bin, die die Anhebung der Energie auf der Erde unterstützt und sich opfert, sich in dieser Zeit "bescheiden" zu fühlen. Verstehen Sie, was wir damit ausdrücken möchten?

Wir sind hier und haben hier grobstoffliche Körper, die immer noch mehr oder weniger Fürsorge benötigen, um ein gutes Transport- oder Umsetzmittel für die Seele zu bieten.

So könnte das eine oder andere Leiden, das feinstofflichen Wirkungsweisen zugeordnet wird, durch einfaches und nüchternes Verhalten vermieden oder reduziert werden.

Es geht uns nicht darum, diejenigen, die gerne Licht- und Heilarbeit machen, in ihrem Wirken zu begrenzen. Es geht uns nicht darum, diese Menschen abzustempeln. Es geht uns darum zu zeigen, wie schnell wir alle uns verlaufen können und wie schwierig es ist, das manchmal zu erkennen, weil wir unsere Glaubenssätze nicht regelmäßig auf Dienlichkeit überprüfen oder nicht wissen, wie wir sie überprüfen können. Natürlich können sensible Menschen spüren, wenn es beispielsweise "Sonnenstürme" gibt. Elektrische Ladungen und Ströme haben ganz sicher einen Einfluss, und der eine ist sensitiver als der andere und spürt das mehr oder weniger körperlich. Doch gerade dann gilt es, die eigene Energie so hoch wie möglich zu halten und gut auf sich zu achten.

Die Erleuchtung und der steinige Weg dahin

Der Mensch strebt nach Erleuchtung und Liebe und er will dazugehören. Mit "dazugehören" ist eine Familie oder eine Gemeinschaft gemeint, die Sicherheit, Anerkennung oder einen Lebenssinn gibt. Wenn ein Mensch mit wenig Selbstbewusstsein und Selbstvertrauen vermittelt bekommt, dass er auserwählt ist, von einem Meister zu lernen oder zu einer auserwählten Gruppe dazuzugehören, kann es den Wunsch in ihm auslösen, sich dem hinzugeben. Die Sehnsucht nach Liebe und Anerkennung, der Wunsch nach Verbundenheit ist so groß, dass diese Menschen bereit sind, alles loszulassen, was diese Erfüllung scheinbar bisher nicht brachte. Das macht es selbsternannten Gurus und Heiligen sehr einfach, eine Fangemeinde aufzubauen, denn, Hand aufs Herz, wer wünscht sich nicht manchmal jemanden, der einem sagt, was zu tun ist, wie es weitergehen soll?

Wenn ich dem Weg eines Meisters folge, wird mein Weg nie der sein, den der Meister beschritten hat. Warum übernehmen wir nicht die Verantwortung für uns und gehen in das Vertrauen, dass wir mithilfe eines Coachs oder eines Seminars einfach mal unseren Horizont erweitern, uns öffnen für das Wissen anderer? Dann können wir schauen, was uns dienlich ist und wie wir selbst dorthin kommen können, wo wir glauben, dass Freude und Frieden auf uns warten.

Viele Menschen bräuchten nicht einmal ein Seminar. Wer wirklich innerlich zur Ruhe kommt, wer sich innerlich dafür öffnet, das zu empfangen, was auf seinem Weg hilfreich ist, kann wahrlich Großes leisten.

Ulla und ich arbeiten mit unseren Träumen. Wir haben bereits ein Buch zur Arbeit mit Träumen geschrieben, aber trotzdem wollen wir Ihnen an dieser Stelle einen Einblick geben, wie hilfreich Träume sein können. Wir wollen Ihnen zeigen, dass auch Sie mithilfe der Träume großartige Entdeckungen machen und Hilfe finden können, wenn Sie sich darauf einlassen.

Wir alle haben alle unsere Antworten und Lösungen in uns – und viele davon begegnen uns im Traum. Im Alter von 70 Jahren haben wir durchschnittlich sechs Jahre geträumt, und während der Traumphasen sind besonders die Gehirnzentren aktiv, die für unsere Gefühle und Affekte verantwortlich sind.

Im Traum, wenn wir frei sind von allen Einflüssen, Beeinflussungen und Meinungen, wenn wir ganz alleine sind mit uns, wenn niemand da ist, nach dem wir uns richten müssen, niemand, dem wir es recht machen wollen, dann schöpfen wir aus unserer Quelle der Weisheit – hier sind wir frei und grenzenlos.

Das bedeutet also, dass wir durch die Traumarbeit mit uns selbst in Verbindung treten und mit uns selbst kommunizieren können.

Sobald wir durch unseren Kanal zum kreativen Bewusstsein den spirituellen Bereich betreten (dies passiert unter anderem im Traum), sind diese Grenzen und Limitierungen nicht mehr vorhanden. Das Bewusstsein entfaltet sich frei. Das heißt: In unseren Träumen bewegen wir uns in einem grenzenlosen, unendlichen Raum. Einschränkungen, Regeln und Erwartungen von anderen bleiben außen vor. Vor allem aber haben hier auch Erwartungen, die wir an uns selbst haben, keine Gültigkeit.

Das heißt, wir erkennen, dass unser Wissen endlos ist, dass wir in Verbindung stehen mit dem Wissen von Urvölkern, von ägyptischen Ärzten, persischen Philosophen und ALLEM-WAS-IST.

Um das Unterbewusstsein zu erforschen, müssen wir das Bewusstsein überqueren!
In Träumen haben wir den vollen Zugang zum Unterbewusstsein. Wir analysieren nicht, ob es Unsinn ist, was wir tun oder nicht. Und wir können die Zeichen im Alltag übersetzen und nutzen.

Wir können Träume befragen und herausfinden, was unsere Seele wirklich will, denn das kann sich ganz arg von dem unterscheiden, was unser Ego will, das eben mit Blockaden belegt ist und genau diese nicht noch einmal erleben will. Durch die Vermeidungsstrategie erschaffen wir das, was wir vermeiden wollten. Wir fühlen erneut Schmerz, wie auch immer wir ihm zu entfliehen versuchen, und fühlen uns weit entfernt von dem, was wir Glück oder Zielerreichung nennen.

Andere finden ihre Inspiration durch Meditation, das Ruhen oder einfach durch die Hingabe an eine bestimmte Sache – und plötzlich ist eine Eingebung da. Es sind Prozesse und nicht nur das Ergebnis eines Seminares. Diese Prozesse entstehen auch nicht durch das Nacheifern, indem wir das Leben einer anderen Person imitieren.

Ein kleiner Abriss über das Glück und die spirituellen Gesetzmäßigkeiten

Wir alle wünschen uns Glück im Leben. Leicht soll es gehen. Ich habe mehrfach Vorträge gehalten zu dem Thema "Glück". Die Vielzahl der Teilnehmer auf den Messen zeigte, wie sehr wir alle auf der Suche nach Glück sind.

Wenn wir Teilnehmer fragen, was sie eigentlich suchen, dann hören wir Aussagen wie:

"Ich will endlich bei mir ankommen." Oder: "Ich will endlich ICH sein."

Realistisch betrachtet sind wir immer bei uns selbst und immer wir selbst. Wir glauben, dass vielmehr das Gefühl gemeint ist. Ein Gefühl von Vollkommenheit, von Liebe, von Geborgenheit, von Glück.

Glück ist ein Gefühl, Glück lässt sich nicht am Status einer Person festmachen. Wie viele Menschen haben materiell alles, was man sich wünschen kann, und haben trotzdem ein Suchtverhalten, sind depressiv oder krank? Der Status quo kann es also nicht sein.

Aber können wir es schaffen, unser Leben zu verändern? Unsere Ziele erreichen? Und wenn es eine Zeit lang gut lief, warum erleben wir dann so oft wieder Rückfälle, und wie lassen sich diese in Zukunft vermeiden? Wie kommen wir aus den Wiederholungsschleifen und Ehrenrunden heraus, die wir so oft drehen?

Machen wir also einen kleinen Ausflug zum Thema Glück. Wir haben noch niemanden kennengelernt, der darauf verzichten wollte.

Berichten zufolge sagt man, dass ein Mensch ca. 50.000 bis 80.000 Gedanken am Tag hat, etwa 200 Mal denkt er im Durchschnitt am Tag negativ über sich selbst.

An wie viele Gedanken können Sie sich bewusst erinnern? Sie werden nicht annähernd auf diese Zahlen kommen. Das bedeutet, dass vieles in uns unbewusst abläuft. Die meisten Menschen sind ca. 2 Prozent am Tag in der Gegenwart. Wenn wir einmal bewusst fühlen, so dass wir in diesem Moment alles um uns herum wahrnehmen, fühlen, riechen, was gerade ist, dann verstehen wir, wie oft wir unbewusst sind. Meist resultiert unser jetziges Tun aus Erfahrungen aus der Vergangenheit und läuft unbewusst ab. Ganz automatisch! Wir senden unbewusste Energien aus, die uns dann irgendwann und irgendwo als Resonanz auf unser unbewusstes TUN begegnen. Dann sind wir entsetzt, überfordert, wütend, hilflos, traurig oder was auch immer.

Wenn wir jetzt behaupten, dass alles, was uns begegnet, von uns selbst erschaffen wurde, erfordert es ein Höchstmaß an spiritueller Reife. Es erfordert auch die Bereitschaft, das anzuerkennen und uneingeschränkt Verantwortung für alles zu übernehmen, was uns begegnet. Es erfordert die Bereitschaft, in allem einen Mehrgewinn zu sehen. Eine Erkenntnis, eine Botschaft. Wenn man auf der Suche nach Glück ist, ist man meist in einer unglücklichen Situation. Sich dann selbst zu sagen, dass man dafür jetzt die Verantwortung hat und man selbst dazu beigetragen hat, ist schwer. Sehr schwer! Da klaffen Verstand, Gefühl und der Wunsch, spirituelle Lehren zu akzeptieren, schnell ganz weit auseinander.

Wir müssen lernen, das, was uns passiert, zu dem zu machen, was wir uns gewünscht haben. Das heißt: Wir müssen das, was uns passiert, akzeptieren – und zwar so, als ob wir es uns gewünscht hätten. Dann erst reagieren wir – und zwar so, dass wir mit allem konform gehen, was uns begegnet. Probieren Sie es einfach – Sie werden sich wundern, was diese Transformation Ihrer Gedanken bewirken kann.

Es wird mal leichter und mal schwerer sein, das ist auch bei uns so!

Wenn wir Schmerz fühlen, wenn wir das Gefühl haben, auf eine Begebenheit nicht einwirken zu können oder dass wir sie nicht beeinflussen konnten, dann fällt es uns schwer zu akzeptieren, dass wir etwas damit zu tun haben. Schnell starten wir den Versuch, die Verantwortung abzugeben und jemand anderen für unseren Schmerz verantwortlich zu machen. Gerade dann ist das Wissen gefragt, wie man energetisch sowie im spirituellen Sinne mit dieser Erkenntnis und Botschaft umgeht.

Glück stellt sich leichter ein, wenn wir uns auf das konzentrieren, was uns Freude macht und was da ist. Sind wir gesund und haben einen bestimmten materiellen Wunsch, glauben wir, dass seine Erfüllung großes Glück für uns ist. Sind wir plötzlich krank, wären wir schon glücklich, wenn wir endlich wieder gesund sind. Doch solange Menschen gesund sind, nehmen sich die wenigsten Zeit, um sich auch nur einmal am Tag zu freuen, dass sie gesund sind. Vieles scheint selbstverständlich und wird zum Unglück, wenn es nicht mehr da ist. Aber vorher ist man kaum bereit, das vorhandene Glück zu pflegen und es zu nähren, lieber suchen wir nach neuen Glückszielen.

Unser Wirken bildhaft dargestellt – mit Hilfe der Esoterik

Wir kommen zurück auf die vielen unbewussten Gedanken. Sie erschaffen ebenfalls unsere Realität – und um es bildlicher zu beschreiben, bedienen wir uns des Wortes "Elementale". Dieser Begriff wird mittlerweile häufig verwendet. Sich darauf zu beziehen, erleichtert es uns, die Realität, in der wir uns immer wiederfinden und die wir meist verändern möchten, besser bildhaft zu beschreiben.

Alle unsere Gedanken, besonders dann, wenn sie emotionsgeladen sind, schaffen sogenannte Energielebewesen, die wir jetzt Elementale nennen werden. Diese gehen im Grunde wie jedes andere Lebewesen vor, sie sind auf das Überleben ausgerichtet und brauchen dafür Energie. Sie suchen ihresgleichen, werden größer und kräftiger und kehren stets zu ihrem Erzeuger zurück.

Elementale, die aus Wünschen wie Neid und Gier in Form von Verlangen entstehen, entfachen niedrig schwingende Energie. Das heißt, wir holen uns durch diese Gedankenformen, die einen großen Drang in uns auslösen können, niedrig schwingende Energie, Energie, die unser Energiefeld oder unsere Aura schwächt. Jedes Mal, wenn wir uns auf das Spiel mit den Elementalen einlassen, bringen wir sie erneut in Umlauf.

Ich bin der Sender einer Energie und diese wird zu mir zurückkehren. Ich werde Sender und Empfänger. Immer! Da sich Elementale gleichgesinnte Energien suchen, können sich Stimmungen hochschaukeln, egal ob im Positiven oder Negativen. Hier kommt das Gesetz der Resonanz ins Spiel. Ich kann nur auf etwas anspringen, wozu ich selbst Resonanzen habe. Daher nützt es nichts, jemandem positive oder auch negative Energie zu senden, wenn er keine Resonanz dazu hat. Jemandem, der gerne leiden möchte, kann man Heilenergie bis zur eigenen Erschöpfung senden. Derjenige wird nicht damit in Resonanz gehen und die Energie wird ihm nicht helfen. Ich kann aber umgekehrt auch niemandem mit negativer Energie etwas antun, wenn er nicht in Resonanz damit geht, weil er gelassen, ausgeglichen und bewusst ist. Derjenige würde sofort fühlen, dass etwas vor sich geht und seine Energie bewusst erhöhen, um sich aus den Energien herauszuziehen. Wir alle haben Sonnen- und Schattenseiten. Sich seiner Schattenseiten voll bewusst zu sein, lässt jedoch Heilung auf allen Ebenen zu.

Eines sollten diejenigen, die manchmal aus Wut, Enttäuschung und Verbitterung jemandem im umgangssprachlichen Bereich "Die Pest an den Hals wünschen" jedoch bedenken. Auch diese Elementale kehren zu Ihnen selbst zurück! Denn wer denkt hier über Pest nach? Derjenige, der es denkt, macht das mit seiner Energie! Seine eigene Wut, sein Ärger, sein Zorn schwächen seine Energie! Der andere mag vielleicht etwas davon abbekommen, weil er damit vielleicht in Resonanz geht, doch der Sender der Energie "profitiert" auf jeden Fall richtig davon. Ob es so läuft, wie er es sich wünscht, ist fraglich, unter Umständen bekommt er selbst massive Probleme.

46

Energien, die unser Energiesystem, auch unseren energetischen natürlichen Schutz schwächen, sind Stolz, Angeberei, Verlangen, Gier, Angst, Kummer, Trauer, Hoffnungslosigkeit, Schuld und Scham. Sie verhindern, dass Energiezentren/Chakren optimal arbeiten.

Energien, die uns voranbringen, die uns guttun sind Frieden, Stille, Freude, Liebe, Dankbarkeit, Verständnis, Akzeptanz, Neutralität und Mut.

Diese letztgenannten positiven Energien verhindern, wenn wir verstanden haben, uns darauf auszurichten, dass wir zu sehr von Negativität und dem Gefühl, dass uns das Glück verlassen hat, heimgesucht werden. Aber wie kommt es überhaupt, dass wir uns so wenig komplett fühlen oder glauben, noch nicht bei uns angekommen zu sein?

Die bekannte und leider bereits verstorbene Psychologin Vera Birkenbiehl hat es treffend beschrieben. Sie sagte, wir kommen mit einem großen Potenzial auf die Welt – und dann kommt eines dazwischen, das nennt man Erziehung!

Es ist in der Tat so, dass wir geprägt sind von unserer Kultur, unseren Eltern, unserer Familie. Ein Kind kommt mit Bedürfnissen auf die Welt, dem Bedürfnis nach Liebe. Wir beschreiben hier an dieser Stelle bewusst den Fall, an dem ein Wunschkind auf die Welt kommt. Wir wissen, dass wir hier vom optimalen Fall ausgehen, und trotzdem wird gleich klar, dass trotz allem Traumen auftreten können. Wobei wir noch niemanden erlebt haben, der frei von Traumen ist.

So ein Kind kommt also auf die Welt und hat das Bedürfnis nach Zuwendung. Jetzt kann es passieren, dass das Kind der Mutter mehrfach für Untersuchungen weggenommen wird. Natürlich wenden sich alle dem Kind zu. Natürlich lieben die Mutter oder die Eltern das Kind. Trotzdem wird ein Bedürfnis des Kindes nicht befriedigt. Kommt das ein paar Mal vor, mit anderen Komponenten reicht manchmal auch ein einmaliges Vorkommen, entwickelt das Kind Schuld- und/oder Schamgefühle, denn es schafft es nicht, auf die gewünschte Weise die Liebe zu erfahren. Es passt sich der Situation an, um überleben zu können und den Schmerz nicht weiter zu fühlen, spaltet aber gleichzeitig diesen schmerzenden Anteil von sich ab. Es wird die Fähigkeit verlieren, sich selbst seine Bedürfnisse zu erfüllen, und es schafft eine ihm entsprechende Überlebensstruktur.

Es gibt verschiedene Überlebensstrukturen, und je stärker eine oder mehrere sind, desto mehr fühlen wir uns abgeschnitten von unserem Körper. Wir sind selbst dafür verantwortlich, diese verlorenen Anteile aufzuspüren, Fähigkeiten zu entwickeln und uns unsere Bedürfnisse im Erwachsenenalter zu erfüllen. Stattdessen neigen wir dazu, in Einschränkungen zu verharren, und haben Angst, diese zu verlassen.

Wie kommen wir an die Blockaden ran? Wir erkennen sie immer dann, wenn wir nicht gelassen, ruhig und unvoreingenommen sind. Unsere Umwelt spiegelt uns unser Inneres. Wenn wir Negatives fühlen, gehen wir mit etwas in Resonanz. Das können wir nur, wenn wir es in uns tragen, sonst würden die Energien nicht zueinanderfinden.

Oft können wir es einfach nicht benennen. So kann sich hinter Wut einfach eine große Trauer verbergen. Hinter Habgier Angst. Es gibt zahlreiche Hilfsmittel, um das Unterbewusstsein zu ergründen, doch wie kommen wir regelmäßig – auch ohne Hilfe von außen – in die Schaffenskraft, in das Verständnis für das, was uns hier passiert?

Ich arbeite viel mit dem Pendel. Nicht als Orakel, sondern zum Austesten von Resonanzen.

Dann gibt es noch die Träume, über die wir eben schon berichtet haben, die die Tibeter, Indianer, Aborigines und Ägypter bereits nutzten. Jeder Mensch träumt, nur manche können sich einfach nicht erinnern. Auch das lässt sich erlernen.

Was wir über das Pendeln, die Träume oder andere Methoden erkennen, das sind dann die Anteile, die wir heute vergeblich zu suchen scheinen, die uns das Gefühl geben, nicht komplett oder nicht angekommen zu sein. Es sind unbewusste Anteile, die aber unbewusst über Jahre Elementale erschaffen. Ist es das Elemental, sich nicht geliebt zu fühlen, so werden wir uns immer wieder Umstände erschaffen, die uns das Gefühl geben, nicht geliebt zu werden.

Unser Unterbewusstsein ist schlau. So sagt es sich: "Mensch Ulla, mit diesem Programm haben wir beide bis heute überlebt, daran werden wir nichts ändern!" Und so verpuffen unter Umständen Heilenergien, Heilmethoden bleiben erfolglos oder wirken nur an der Oberfläche, weil wir es ganz geschickt verstehen, nicht an den Punkt, der ja schon einmal sehr viel Schmerz bedeutet hat, vorzudringen.

So leben wir weiter und verleugnen unsere eigene Schönheit, nur weil andere sie nicht sehen können oder wollen. Wir imitieren das, was wir um uns herum sehen, anstatt uns selbst zu akzeptieren, so wie wir sind.

Immer wieder versuchen wir so zu sein, wie wir denken, dass andere uns gerne hätten – und ganz langsam, Stückchen für Stückchen, verschwindet unsere Seele, unsere Gabe, all das Potenzial, das wir haben, um diese Welt ein kleines bisschen besser zu machen. Es siecht dahin und unser Wille wird schwächer und schwächer, bis er letztendlich bricht.

Wir vergessen, dass die Welt das ist, was wir uns vorstellen, das sie ist.

Wir hören auf zu leben und existieren nur noch. Nur weil irgendjemand irgendwann einmal gesagt hat: "Du gefällst mir nicht. Du bist hässlich." Mit ganz einfachen Worten wurde unser ganzes Selbstvertrauen zunichte gemacht. Das Ergebnis: Wir werden hässlich und verbittert.

Viele Menschen möchten sich mit der Ursache ihres Leides nicht auseinandersetzen oder tun es nur sehr oberflächlich, weil sie selbst das schon sehr schmerzt. Sie hoffen auf die schnelle Hilfe, das Fingerschnippen, das alles wegzaubert. Es kann sehr schnell gehen, wenn man an den Punkt kommt, der verantwortlich ist, das ist gar keine Frage. Bei vielen dauert es länger, aber die Erkenntnisse, die dann damit einhergehen, sind umso effektiver und wirkungsvoller. Denn man bekommt ein Gefühl dafür, was genau man sich unbewusst viele Jahre erschaffen hat.

Schluss mit den unschönen Elementalen

Im Grunde geht es darum, aufbauende Energien zu finden und zu leben. Das bedeutet nicht, dass sich gleich eine Situation verändert, man lernt aber, anders mit ihr umzugehen, sie anders zu bewerten und nicht so viel Energie in ihr zu verlieren.

Ein Beispiel von mir. Ich hatte zuvor noch nie einen Autounfall verursacht, 2014 aber gleich in kurzer Zeit zwei. Einmal wich ich einer rasanten Fahrerin in einer Schrecksekunde aus, übersteuerte mein Auto und fuhr in ein parkendes Auto. Beim zweiten Mal saß ein Waschbär auf meiner Fahrspur.

Klar, ich habe mich geärgert. Über die Selbstbeteiligung bei der Autoversicherung, über die Arbeit mit der Werkstatt, der Versicherung, das ganze Hin und Her. Beide Unfälle hatten verschiedene Qualitäten. Beim ersten ärgerte ich mich über meine Überreaktion. Ich machte mir Vorwürfe, warum ich nicht anders gehandelt hatte.

Beim zweiten war ich froh, dass ich draufgehalten habe, trotz meiner Tierliebe, denn ich hätte sonst sicher eine Massenkarambolage auf der Autobahn verursacht, wenn ich bei der Geschwindigkeit das Lenkrad verrissen hätte, zumal ich noch zwei Mitfahrer im Auto hatte. Es blieb bei einem Blechschaden an meinem Auto bzw. dem meines Mannes und niemand sonst kam zu Schaden, ausgenommen der arme Waschbär.

Nach einer kurzen Zeit des Unmutes kam der Gedanke, dass ich eigentlich Glück gehabt habe. Ich hatte einen Freischaden bei meiner Versicherung und sehr wenige Kosten im Vergleich dazu, was passiert wäre, wenn ich der rabiaten Fahrerin nicht ausgewichen wäre. Ich hätte gelähmt sein können. Ich hatte auch beim zweiten Mal sehr viel Glück, denn es war nur ein Teilkasko-Blechschaden.

Glück oder Unglück, das ist hier die Frage. Erschaffen habe ich die Unfälle selbst, das weiß ich. Auch in Form von Elementalen. Denn ich fahre manchmal bei Leuten im Auto mit, die selbst mit ihrer Fahrerei hervorragend klarzukommen scheinen, mir macht sie aber Angst. Es war meine Angst, die zu mir zurückgekehrt ist. Dies ist ein gutes Fallbeispiel für die Elementale.

Mit diesem Beispiel haben wir auch gleich erklärt, warum Angst erschafft und warum es wenig Sinn macht, sich zu schützen, weil wir Angst haben. Wir kreieren damit genau das, was wir auf jeden Fall vermeiden wollten. Wenn wir Angst fühlen, Scham Wut etc. - diese Energie zieht uns noch weiter runter und wieder erschaffen wir genau die Elementale, vor denen wir weglaufen wollen.

Meist wollen wir uns vor negativer Energie schützen, aus Angst, verletzt oder runtergezogen zu werden. Warum brauchen wir Schutz? Doch nur, weil wir mit etwas in Schwingung gehen, vor dem wir Angst haben. Kann das funktionieren? Überlegen Sie, was ich Ihnen gerade über die Elementale gesagt habe.

Wenn wir auf etwas anspringen, dann sind wir in Resonanz damit. Damit wird die Schwingung verstärkt. In Resonanz zu sein bedeutet, gleich zu schwingen. Wenn wir das nicht mehr wollen, müssen wir uns etwas anderes suchen, um damit zu schwingen. Spaß und Freude, Liebe, das sind doch schöne Elementale!

Es hilft also nur eines, um ein Elemental auszuhungern: Wir müssen es akzeptieren, in uns lassen und die Aufmerksamkeit auf etwas anderes richten. Wir können nichts loslassen, was wir vorher nicht angenommen haben. Sie können ein Glas Wasser nicht wegstellen, wenn Sie es vorher nicht in die Hand genommen haben. So funktioniert es auch mit dem Loslassen. Sie müssen es annehmen, um es im Anschluss wieder loslassen zu können. Haben wir ein gutes Gefühl bei der Sache, die wir loslassen müssen oder wollen, dann fällt es uns leicht. Ganz anders sieht es aus, wenn sich dabei negative Gefühle zeigen, dann halten wir gerne fest. Dumm ist, dass wir damit auch die negativen Gefühle festhalten, es ist ein Teufelskreis und man braucht Mut sowie Selbstvertrauen, um sich daraus zu lösen.

Das bedeutet im Bezug auf unangenehme Gefühle und Emotionen aber auch, dass wir sie zulassen müssen, um sie im Anschluss wieder loslassen zu können. Ein Gefühl kann sich auflösen, wenn es zugelassen wurde. Wer etwas loswerden will, ohne es genau anzuschauen (aus Angst), wird keinen Erfolg haben.

Durch das Verändern unserer Sichtweise und unserer Einstellung können wir es schaffen, Glück zu erschaffen. Ich kann mich wochenlang über das Pech der Unfälle ärgern, ich kann mich aber auch über das Glück freuen, noch heil und gesund zu sein.

Machen Sie im Anschluss an die Lektüre dieses Kapitels etwas, das Ihnen Freude macht. Es hebt Ihre Energie an. Da helfen auch schon kleine Dinge im Alltag. Einen Schrank ausmisten, der einen schon lange mit dem Chaos stört, schnell das Auto waschen, weil man sich seit Tagen über die verschmutzte Scheibe oder das verschmutzte Auto ärgert. Rufen Sie jemanden an, um sich zu verabreden. Was auch immer es ist, tun Sie etwas, das Ihnen Freude macht.

Fragen Sie sich bei jeder Handlung, ob die Handlung Sie Ihrem Ziel näher bringt oder eher von ihm ab, und behalten Sie als Ziel, die Balance in Ihrem Leben im Auge. Fragen Sie sich: Werde ich durch das Handeln/das Ziel ausgeglichener oder bringt es mich eher davon ab? Ein Bedürfnis zu haben heißt noch lange nicht, dass es für uns richtig ist.

Wer unglücklich ist, hat Stress und Stress ist zu etwa 95 Prozent der Auslöser von Krankheiten. Krank können wir unsere Ziele nicht erreichen! Ist es nicht die Kluft zwischen Erwartung und Realität, die uns Stress macht? Aber es gibt die Möglichkeit, aktiv das Leben zu verändern. Das geschieht immer im Hier und Jetzt! Ich habe ein Buch über das Sein im Jetzt geschrieben: "Jetzt sein. Schnelle Zentrierung und Kraftgewinnung". Es ist so einfach und es funktioniert, wenn man es wirklich anwendet. Jeder kann in das Hier und Jetzt kommen, immer öfter, um immer öfter bewusst zu werden. Vielleicht spricht es Sie an. Es ist einfach geschrieben, es ist einfach in der Anwendung – es ist sogar so einfach, dass es die wenigsten glauben können und nicht anwenden!

Wahres Glück erfordert die Wahrnehmung und Heilung aller unangenehmen Anteile in uns. Wir alle haben jeden Tag unzählige Situationen, in denen wir Glück haben. Nur nehmen wir dieses Glück nicht wahr. Ich hatte vor vielen Jahren einen Reinfall und konnte sehr lange meinen rechten Arm nicht einsetzen bzw. es war unklar, ob er überhaupt jemals wieder ganz und gar einsatzfähig sein würde. Wenn man sich solche Situationen bewusst macht, wird einem klar, dass wir es keinesfalls 365 Tage im Jahr schätzen, zwei Arme oder zwei Beine zu haben. Genug zu essen, Freunde, Familie, ein Auto, was auch immer es ist. Für die, die es nicht haben, wäre es Glück.

Bewusst im Glück zu denken, erschafft neue neuronale Verbindungen in unserem Gehirn. Es schafft neue Glaubenssätze, die unser Verstand zu bestätigen versucht, und vermehrt damit Glück.

Wir alle können das lernen!

Eine kleine Geschichte mit großer Erkenntnis!

Die wahre Schaffenskraft

Es gibt aber noch einen ganz wichtigen Aspekt, wenn wir hier vom Erschaffen reden. Dazu möchte ich eine kleine wahre Geschichte erzählen. Anfang 2013 verstarb eine Tante von mir, zu der ich eine sehr enge Bindung hatte. Ich war schockiert, als sie plötzlich verstarb, sie war einfach noch zu jung. Ich haderte mit dem Schicksal. Ich haderte mit mir, dass ich nicht über die Fähigkeiten eines geschulten Mediums verfügte, das mit Verstorbenen auf Knopfdruck reden kann.

Ich ging innerlich in ein Zwiegespräch und sagte: Du, wenn du nun schon "da oben" bist, was vermisst du aus der Vogelperspektive und aus geistiger Sicht an mir am meisten? Erst kam nichts, dann kam ein einziges Wort: Gelassenheit!

Ich war erstaunt, denn mit Geduld hatte ich gerechnet, aber mit Gelassenheit? Ich zähle eher zu dem Typ: "Herr, bitte schenke mir Geduld, aber bitte mach schnell!"

Ich hatte mich nie damit beschäftigt, wie wichtig Gelassenheit ist. Gelassenheit zu entwickeln ist schwierig, denn in dem Moment, wo wir nach ihr streben, ist sie bereits wieder verschwunden.

Gelassenheit nimmt wahr, ist bewusst. Es ist ein großer Unterschied zur Gleichgültigkeit! Wer gleichgültig ist, bemerkt nur das, was ihn interessiert. Er blendet Dinge aus, beachtet sie einfach nicht, ignoriert sie.

Gelassenheit ist die wahre Schaffenskraft. Sie ist ein spiritueller Wegweiser! Doch zu wenige wissen darum.

Wir dürfen durchaus Wünsche und Visionen haben. Auch ein Ego, da es uns antreibt, Dinge in die Wege zu leiten, Neues zu erforschen. Aber wir sollten uns nicht von der Erfüllung dieser Ziele abhängig machen. Zu leicht werden wir dann gierig und schwingen auf einer niedrigen Energie, die wiederum Elementale schafft, die unsere Energie schwächen.

Es geht darum, Dinge mit Mut und Freude auszuprobieren. Dinge, die wir tun, sollten wir lieben. Das ist Schaffenskraft! Wir handeln wegen der Sache, machen uns aber nicht von dem Ziel abhängig. Das nimmt Stress und Druck und bedeutet daher auch seelische Gesundheit.

Wenn Sie spüren, dass Sie in Ihren Tätigkeiten voll und ganz aufgehen und sie voller Hingabe erledigen können, dann erfahren Sie das Gefühl von Gelassenheit.

Was wir bewusst erschaffen wollen, wissen wir. Doch schon da kann es den ersten Stolperstein geben. Alles im Universum strebt nach Ausgleich. Besonders gut erkennen wir das am Yin- und Yang-Zeichen, das die Polarität darstellt. Wir können uns das folgendermaßen vorstellen: Wenn wir etwas zu sehr begehren, sorgt die Ausgleichsenergie dafür, dass wir dem Ziel nicht näher kommen. Was müssen wir also tun? Bärbel Mohr hat es bei ihren "Bestellungen beim Universum" schon geschrieben: Wir sollen es bestellen und dann gelassen weitergehen, im Vertrauen darauf, dass wir es bekommen.

Und schon sind wir wieder bei der Gelassenheit, wenngleich sie hier auch unter anderem Namen auftritt.

Ein zu großes Wollen, unter Anspannung und Stress und mit aller Begierde, kann also zum Gegenteil führen. Ein zielgerichtetes und offenes Handeln mit Freude und Gelassenheit wäre auch hier die Lösung.

Wir kennen es auch umgekehrt:

Etwas, was wir fürchteten und unbedingt vermeiden wollten, trifft plötzlich ein. Wir wollten die Angst wegschieben und haben mit Nachdruck alles getan, um uns zu schützen, aber die Polarität sorgte dafür, dass wir es bekamen. Wir haben uns mit der Angst beschäftigt, uns geschützt, damit der Angst auch noch Energie gegeben und dann versagt auf einmal der Schutz. Gerade bei energetischem Arbeiten kann man das sehr oft beobachten.

Hier kommt einigen sicher die Angst vor dem Loslassen in den Sinn, wenn zum Beispiel eine nahestehende Person stirbt. Dieser natürliche Rhythmus, dass alles Leben irgendwann stirbt, hat mit dem oben Genannten jedoch nichts zu tun. Hier geht es darum, offen zu sein für eine andere Einstellung und Sicht auf den Tod als festen Bestandteil des Lebens.

Wir fassen zusammen

Es ist wichtig, dass wir lernen, mit unseren Gefühlen und Emotionen umzugehen und sie angemessen zum Ausdruck bringen. Dafür müssen wir achtsam sein. Gefühlen nachzuspüren und sie in uns zu halten, bringt uns zunehmend mehr in Kontakt mit der Lebendigkeit in unserem innersten Kern.

Wir alle brauchen inneren Frieden, Ruhe, Gelassenheit, bedingungslose Liebe.

Wer ständig im Stressmodus läuft, wird sich selbst nicht lieben lernen/können, weil wir unter Stress keinen klaren Gedanken fassen können. Unter Stress fließt unser Blut in unsere Hände oder Beine, zum Kampf oder zur Flucht. Das haben wir von unseren Urahnen so übernommen. Wir brauchen also Ruhe und die Kraft der Gegenwart, um unser Bewusstsein erweitern zu können, und Techniken, die uns unserem Unterbewusstsein näher bringen. Daher nützt es vielen auch nichts, wenn sie eine Vielzahl an Seminaren verkonsumieren, ohne danach wirklich damit zu arbeiten. Viele hetzen von Seminar zu Seminar, statt es einfach mal sacken zu lassen und zu schauen, was sich wirklich zeigt. Jedem individuell und in seiner Zeit, in seinem Rhythmus.

Man kann sehr einfache Übungen in den Alltag integrieren, die wirklich nachhaltig sind. Eine dieser Übungen beschreibt das Buch "Jetzt sein" von mir, ein anderes trägt den Titel "Eine Minute für mich" von Spencer Johnson. Immer mal wieder im Alltag innezuhalten und sich zu fragen, was ich jetzt für mich tun kann, damit es mir jetzt besser geht, kann ungemein hilfreich sein. Spencer Johnson beschreibt sehr eindrücklich, wie viel Lebensqualität durch das Innehalten in unser Leben treten kann.

Es geht ja auch darum, alltagstaugliche Techniken zu finden oder zu entwickeln. Sich bei allem, was so angeboten wird zu fragen: Was nützt es mir im alltäglichen Leben?

Wir zitieren ein Manuskript von Serge King mit dem Titel "Gelebte Liebe", das uns 1990 von einem Schüler überlassen wurde und im Grunde all das widerspiegelt. So beschreibt er die Aloha-Philosophie folgendermaßen:

Die Welt ist, wofür wir sie halten.

Es gibt keine Grenzen.

Energie folgt der Aufmerksamkeit.

Jetzt ist der Augenblick der Macht.

Lieben heißt, glücklich sein mit ...

Alle Macht kommt von innen.

Wirksamkeit ist das Maß der Wahrheit.

Es geht darum, alles zu segnen, denn wer etwas segnen kann, gibt der Sache/Person/dem Anliegen eine positive Qualität. Damit vermehren wir positive Aspekte in unserem Leben. Denken wir nur an das, was wir über neuronale Verbindungen im Gehirn beziehungsweise über Elementale geschrieben haben.

TEIL II:
Fallstricke der Esoterik

Fallstrick 1

Die Aussage:
Ich bin schon viel weiter

Wir hören sie immer wieder in unseren Coachings und Seminaren, die Aussage: "Ich bin schon viel weiter!" Ein geflügelter Ausspruch mit vielen unausgesprochenen Fragezeichen. Dieser Satz fällt meist bei Menschen, die alles versuchen, um ihr Leben spiritueller zu gestalten und unter Umständen schon viele Seminare im esoterischen Bereich absolviert haben.

Die Frage, die sich uns stellt, ist:

In was?

Mit was?

Wo?

Im Verhältnis zu was oder wem?

Was bedeutet es, weiter zu sein? Bedeutet es, mehr Fachwissen zu haben? Mehr Verständnis? Mehr Freude? Mehr Freunde? Mehr Geld? Mehr Gesundheit?

In der Regel wird darunter esoterisches Wissen verstanden. Doch wir haben auch die Erfahrung gemacht, dass viele Menschen unzählige Seminare absolvieren, Zertifikate haben und trotzdem das Gefühl haben, dass ihnen etwas fehlt. Oftmals können sie nicht einmal benennen, was es ist.

Sie haben eine Menge Wissen angesammelt. Eines haben sie jedoch nicht verstanden: Wer sich mit anderen vergleicht, beispielsweise mit dem Satz "Ich bin schon viel weiter!", stellt sich über andere!

Spiritualität, wie sie angedacht ist, wertet nicht. Wer Spiritualität im Alltag leben möchte, macht es sich zum Ziel, in diesem Leben zu versuchen, aus der Wertung zu gehen. Derjenige schaut, dass er die Verbindung zu allem findet oder sieht und nicht den Unterschied.

Da Spiritualität nichts und niemanden bewertet, gibt es auch keine "Punkteskala von 1 bis 100". Ulla hat eine Ausbildung in buddhistischer Psychologie (ZEN) gemacht und dabei tiefe Einblicke in die Spiritualität, ihre eigene Persönlichkeit und in das Zusammenspiel einzelner, verschiedener Charaktere erhalten. Das macht sie noch lange nicht zur Spitzenkraft in Spiritualität. Denn: Was zum Beispiel Naturheilkräuter und deren Wirkung auf Körper, Geist und Psyche angeht, davon hat sie überhaupt keine Ahnung. Sie channelt seit acht Jahren und hat oft Kontakt zu Verstorbenen. Allerdings kann sie wenig Wissen über Radiästhesie vorweisen. Das ist mein Arbeitsfeld. In unseren gemeinsamen Seminaren decken wir so eine große Bandbreite ab, da wir unterschiedliches Wissen und Erfahrungen haben. Im Businessbereich spricht man hier von Diversity (Unterschiedlichkeit oder auch Vielfalt). Es geht darum, das Knowhow von anderen zu nutzen und zu fördern in Form von Kooperation und Kollaboration. Also weg vom Konkurrenzdenken und weg vom gegeneinander Kämpfen. Dies ist wiederum ein Bereich, den Ulla im Rahmen ihrer vielen Businessprogramme schult. Weit weg von esoterischen Lehren schafft sie es, dieses Wissen gewinnbringend für Firmen einzusetzen.

So kann der eine mehr Wissen über die Zusammenhänge von Körper, Geist und Seele haben, der andere vielleicht in Homöopathie. So hat der eine gelernt, mutig zu sein, und der andere ist sanftmütiger. So kommt der eine auf Umwegen zum Ziel, der andere bevorzugt den direkten Weg. Diese Unterschiedlichkeit oder Diversität (Diversity) hilft uns, uns gegenseitig zu erkennen, zu unterstützen und zu helfen. Durch ein mannigfaltiges Angebot sind wir in der Lage, breit gefächerte Bedürfnisse zu bedienen.

Die Ansammlung von Wissen hat nichts mit Dingen wie "besser", "weiter" oder "spiritueller" zu tun. Die derzeitigen Lebensumstände von jemandem sagen nichts über seinen gesamten Entwicklungsstand aus. So kann es eine Zeit lang gut in unserem Leben laufen und wir haben das Gefühl, alle Blockaden und Hindernisse aus dem Weg geräumt zu haben – doch plötzlich ereilen uns Schicksalsschläge. Wir können es nicht vorhersehen. Keinesfalls aber dürfen wir uns aufgrund von guten Phasen über andere erheben.

Die Aussage "Ich bin schon viel weiter" kann den größten Entwicklungshemmer überhaupt beinhalten. Das ist der spirituelle Stolz! Statt "spiritueller Weg" möchten wir lieber den Begriff "Bewusstsein erweitern" verwenden. Wir reden ja immer davon, auf dem spirituellen Weg zu sein, aber das sind wir alle. Die Seele ist hier, um eine Erfahrung zu machen. So beschreitet jeder Mensch auf diesem Planeten einen spirituellen Weg, aber nicht unbedingt den, bewusst an seinem Bewusstsein zu arbeiten.

Menschen, die an ihrer Bewusstseinserweiterung arbeiten, dabei aber auf andere herabsehen, weil diese nicht über vermeintliche (esoterische) Fähigkeiten verfügen, die andere nicht in ihrer Begabung und in ihrem Selbstbewusstsein fördern, sondern lediglich das Ziel verfolgen, Macht über andere zu haben, werden sich keinen Gefallen tun. Sie sehen sich oft über denen stehend, die noch etwas zu lernen haben. Sie nutzen jede Gelegenheit, sich ins Rampenlicht zu stellen oder andere von sich vielleicht auch noch abhängig zu machen. Sie erwerben eine Menge Fähigkeiten, aber nicht die Fähigkeit, sich selbst zu reflektieren und an den Erfahrungen zu wachsen.

Spiritueller Stolz ist der Fallstrick, den man auch mit dem Sprichwort "Hochmut kommt vor dem Fall" beschreiben könnte. Man glaubt, es geschafft zu haben, zu den "Guten" auf dieser Erde zu gehören. Man bringt Spiegelgesetze oder Resonanzgesetze nicht mehr in den Bezug zu sich und erhebt sich über alles, was passiert. Die anderen sind schuld, man selbst ist eher ein Kollateralschaden.

Andere sind stolz, weil sie ein Channelmedium für ein bestimmtes geistiges Wesen sind.

Die meisten Channelings sind so allgemein gehalten, dass sie immer und immer wieder die geistigen Gesetze durchgeben und Mut machen. Wozu brauche ich da ein geistiges Wesen? Es gibt auch viele tolle Produkte am Markt, die aufgrund solcher Channelings entstanden sind, doch diese Menschen sind oftmals bescheiden und weniger darauf fixiert, ein Channelmedium zu sein. Sie sind einfach dankbar und setzen ihre Erkenntnisse hingebungsvoll um.

Es gibt auch noch andere Möglichkeiten, Botschaften zu erhalten. Durch Träume, in Meditationen, einfach so am Tag. Sie beinhalten genauso wichtige Informationen, das können wir bestätigen. Aber wir glauben, dass die Grundlage die ist, dass wir alle geistige Wesen sind und auf der geistigen Ebene mit allem in Kontakt sein können, was ist, wenn wir wirklich innerlich dazu bereit sind, wenn wir wirklich bereit sind, Hilfe anzunehmen. Wenn wir mutig sind und vertrauen. Wir sind spirituelle Wesen und haben uns für dieses Dasein die menschliche Form gewählt. Dafür gab es einen Grund: Wir haben etwas zu lernen! Während dieses Lernprozesses winken immer wieder unsere alten Muster und fragen: "Na, willst du nicht zu mir zurückkommen? Erinnere dich doch, wie bequem und gemütlich es bei mir ist!"

Wieder liegt es an jedem selbst, hier eine Entscheidung zu treffen. Wie auch immer Sie sich entscheiden: Es ist die richtige Entscheidung für Sie in diesem Moment. Wir haben auch alle Informationen in uns, die wir brauchen, wir müssen uns nur ganz bewusst mit uns auseinandersetzen und genau hinschauen. Lernen, unseren Gefühlen und Impulsen zu vertrauen. Uns verzeihen, wenn wir unsere Erwartung einmal nicht erfüllt haben. Das Ziel hierbei sollte sein: ohne Erwartungen sein. Sobald Erwartungen ins Spiel kommen, geraten wir in eine Art Hamsterrad. Die Erwartungen werden höher und höher geschraubt, so als ob wir immer besser und besser werden wollen, in Wahrheit aber werden wir immer mehr enttäuscht, weil wir unsere Erwartungen nicht erfüllen können. Wir kennen Ablehnung aus unserer Kindheit (wir kommen später noch einmal auf dieses Thema zurück) und kommen so in einen Wohlfühlmodus, da wir in einer "bekannten" Energie sind.

Wir können uns freuen, wenn uns die Arbeit als Channelmedium Freude macht. Wenn sie uns bereichert. Wir dürfen uns jedoch nicht als etwas Besseres fühlen, wenn wir wirkliches Wachstum erleben möchten. Ein guter KFZ-Mechaniker, ein guter Handwerker, ein guter Bäcker und eine gute, ehrliche Verkäuferin, die verstehen, was wir brauchen, sind doch genauso viel wert. Sie haben ihre Begabung zum Beruf gemacht und lassen uns davon profitieren. Jemand, der noch nie ein bewusstseinserweiterndes Seminar besucht hat, der aber bewusst auf sich achtet, auf die Ressourcen der Erde, auf den Umgang mit seinen Mitmenschen, ist mindestens so spirituell oder sogar spiritueller als so mancher selbsternannte Guru.

Fallstrick 2
Das habe ich
schon alles bearbeitet

Wer im esoterischen oder spirituellen Bereich unterrichtet oder coacht, hat das meist schon erlebt. Da kommt ein Klient oder Kursteilnehmer und man hat sofort eine Eingebung hinsichtlich seiner Blockaden. Im Laufe des Gesprächs oder Seminars fällt das Thema, und der Betroffene reagiert empört mit dem Satz: "Das habe ich schon bearbeitet!"

Nun, wir kennen das und glauben es auch. Nur passiert es häufig, dass das Thema trotzdem noch nicht geheilt ist, sondern nur ruht.

Wir haben vorhin schon über die "Elementale" berichtet und greifen sie hier noch einmal auf, da sie aufzeigen, wie facettenreich sich Blockaden zeigen können, denn nicht immer liest man ein Buch am Stück und Wiederholungen unterstützen auch dabei, Dinge zu verinnerlichen. (Tolle nennt diese Elementale den "Schmerzkörper"; es handelt sich um Süchte, Gewohnheiten und

Zwänge.) Sie können folgendes Sinnbild zum besseren Verständnis verwenden: Stellen Sie sich vor, dass jeder Gedanke eine Energieform annimmt, wie ein Wesen, wie ein Kind, das Sie in die Welt setzen. Je stärker dieser Gedanke mit einer Emotion verbunden ist, desto mehr Kraft hat dieses neue Energiewesen. Gemäß seiner Schwingung geht es mit Menschen in Resonanz, die genauso schwingen wie es selbst. Wir alle haben es schon erlebt. Wir gehen zu einer Veranstaltung mit einer guten Grundschwingung, und in kürzester Zeit haben wir ebenfalls gute Laune. Dieses oder diese Energiewesen werden immer stärker. Umgekehrt: Mit einer schweren Stimmungslage funktioniert es genauso. So ein Energiewesen kehrt, gestärkt von seinem Ausflug zu Gleichgesinnten, nach einiger Zeit immer zu seinem Erzeuger zurück. Immer! Man kann es auch Karma nennen. Nun ist die Frage, wie man mit dieser Energie umgeht. Positive Energie lieben wir alle, aber die vermeintliche negative Energie nicht. Wir wollen sie verdrängen, uns davor schützen. Aber das funktioniert nicht. (Warum nicht, erfahren Sie im Kapitel "Schutz" noch einmal ausführlicher.) Wir können uns vor nichts schützen, das wir selbst erschaffen haben. Es ist ein Teil von uns. Und so kann es sein, dass wir eine Zeit lang sehr gut leben, uns sehr gut fühlen und glauben, das bliebe jetzt immer so. Und eines Tages stellen wir fest, dass die Gefühle, die uns runterziehen, traurig oder auch ärgerlich, wütend oder zornig machen, wieder da sind.

Nun kommt erschwerend dazu, dass wir meist zu über 90 Prozent, eher mehr, unbewusst erschaffend tätig sind. Anteile an uns, die wir nicht bei uns sehen wollen, die wir verdrängen, erschaffen ebenfalls diese Elementale, und auf einmal sind sie so stark, dass wir wieder damit bewusst konfrontiert werden. Unsere unbewusste Vermeidungsstrategie hat nicht funktioniert und alte Themen tauchen wieder auf. Nun haben Sie zwei Möglichkeiten. Sie fallen in das alte Muster und nähren dieses Elemental erneut mit Energie oder Sie nehmen wahr, dass es da ist, nähren es aber nicht. Das geht, indem Sie Ihre Aufmerksamkeit auf etwas lenken, das Ihnen Freude macht, das Ihnen Erfüllung bringt. Es kann auch die erneute Anwendung der Heilmethode oder Technik sein, die Ihnen schon einmal Erleichterung brachte. In der heutigen Zeit wollen viele, dass jemand für sie einmal mit den Fingern schnippt – und ein Problem löst sich in Luft auf. Nun, das kann funktionieren, wenn der Betroffene eine Erkenntnis, einen Mehrgewinn aus seiner Situation gezogen hat, wenn es ihm gelungen ist, seine Einstellung zu einer Sache oder seine Sichtweise zu verändern. Hat er das nicht verinnerlicht, wird ihm das Thema von anderer Seite mit vielleicht anderen Beteiligten erneut begegnen.

Ich will es einmal an einem tatsächlich so geschehenen Praxisbeispiel erläutern: Ein Klient wird in jedem Job, den er hat, bevormundet. Er arbeitet hart, er arbeitet korrekt, er bekommt Anerkennung und wird gefördert, jedoch nicht, was die finanzielle Seite betrifft. Im Grunde ist er für seine viele Arbeitszeit und Leistung doch unterbezahlt. Um diese Konflikte zu lösen, kündigt er und macht sich selbstständig. Es geht eine Zeit lang gut, doch dann bemerkt er, dass andere die Dienstleistung wesentlich teurer anbieten und viel mehr Aufträge haben. Er arbeitet, um noch mehr anbieten zu können, mit einem Geschäftspartner zusammen, der ihn letztendlich im finanziellen Bereich auch nicht fair behandelt. Die Geschichte wiederholt sich also, nur mit anderen "Mitspielern".

Es mangelt dem Klienten an Selbstwert, tief in ihm verborgen gibt es eine Blockade, die er mit dem Verstand nicht finden und lösen kann. Nach fast zwei Jahren Gesprächssitzungen, Energiearbeit und vielem mehr bekommt er die Information, dass über ihn direkt nach der Geburt gesagt wurde, dass er hässlich sei. Das Unterbewusstsein speichert so etwas ab und erschafft ab da einen unbewussten Glaubenssatz. Unbewusst glaubt man, andere seien hübscher oder willkommener. Dadurch schwächt man die eigene wahre Energie und bekommt immer wieder Hinweise, die zeigen, dass das eigene Selbstwertgefühl nicht in Ordnung ist.

Wir alle wollen an diese unangenehmen Gefühle nicht rühren. Doch es hat sich gezeigt, dass eine nicht gelebte Emotion, etwas, das wir abspalten, um den Schmerz nicht fühlen zu müssen, so lange in unserem Leben Situationen erschafft, die wir nicht haben wollen, bis wir bereit sind, sie zu heilen.

Und so lange wir die Wurzel nicht gefunden haben, weil sie von ganz viel Laub, das in all den Jahren symbolisch darüber gefallen ist, verdeckt ist, erschafft sie das Übel, das wir vermeiden wollen. Erst wenn wir uns trauen, Schicht für Schicht die Laubschicht abzutragen und uns auf den Prozess einlassen, wird nachhaltige Heilung geschehen.

Wir dürfen bei all diesen Überlegungen nicht außer Acht lassen, dass diese Gefühle, wie zum Beispiel ein geringer Selbstwert, in alle Sparten des Lebens hineinspielen. Das heißt: Haben wir den Bereich "Arbeit und Beruf" bearbeitet und eine Lösung gefunden, wie wir unser Selbstwertgefühl aufbauen können, dann heißt das noch lange nicht, dass wir unser Selbstwertgefühl allgemein gesteigert haben.

Im privaten Bereich, in Beziehungen, im Umgang mit anderen spielt dieses geringe Selbstwertgefühl noch immer eine große Rolle. Schon geht das Spiel von vorne los.

Es ist wichtig und für eine solide Basis unerlässlich, sich selbst zu kennen. Wer bin ich, wie reagiere ich und warum? Was mag ich? Was stößt mich eher ab? Was sind meine Stärken? An welchen Schwächen muss ich arbeiten?

Nur zu oft wollen wir unsere "Schwachstellen" nicht sehen. Es interessiert uns nicht, wo wir verletzlich sind. Gerade deshalb, wegen dieser Ablehnung, müssen wir immer wieder mit diesen Schwachstellen konfrontiert werden. Vor allen Dingen sind unsere Gefühle und Emotionen wichtig. Viele unserer Gefühle wurden verletzt – und zwar schon in unserer Kindheit. Diese Verletzung hat uns wehgetan, und wir wollen diesen Schmerz nicht noch einmal erleben. Ein guter Schutz ist: Wir vermeiden Gefühle. Wir lieben nicht mehr – dann können wir auch nicht mehr verlassen werden. Wir "lassen alles mit uns machen" – dann erleben wir nie mehr, dass wir enttäuscht werden. Wir packen unsere Gefühle weg, da sie ja ohnehin zu nichts führen.

Je mehr wir die Gefühle wegpacken, desto mehr kommt unsere Ratio, unser Verstand zum Vorschein. Wir wollen begreifen, verstehen und auf rationaler Ebene akzeptieren können. So entfernen wir uns immer mehr von unserem eigentlichen Weg: dem Weg der Spiritualität, dem Weg der Liebe, des reinen Seins.

Auf der spirituellen Ebene gibt es keine Begrenzungen, keine Endlichkeit und kein Verstehen. Hier ist Akzeptanz angesagt. Die Dinge akzeptieren, so wie sie sind. Liebe leben und geben ohne Erwartungen. Liebe ist geben und hat mit Gedanken wie "Was bekomme ich dafür" nichts zu tun. Bevor ich Liebe geben kann, muss ich mich selbst lieben. Genau so, wie ich bin. Mit allen Falten, Röllchen und was wir sonst noch so an uns finden. Erst wenn wir uns in unserer einzigartigen Vollkommenheit akzeptieren, dann können wir uns lieben. Diese Selbstliebe baut unseren Selbstwert auf und aus.

An dieser Aufgabe scheitern viele. Bekannt sind Aussagen wie: "Ja, ich würde ja, wenn …" "Ach, wenn ich mal 10 kg abgenommen habe, dann geht es auch wieder, dann mag ich mich auch wieder." Kritisch betrachten wir uns und glauben, dass der Durchbruch kommt, wenn wir einen von uns definierten "Makel" behoben haben. Stellen wir jedoch fest, dass wir diesen einfach nicht loswerden, suchen wir weiter. Nach Lösungen, nach dem Sinn des Lebens, … Mit all dem Unmut, der uns begleitet.

Die Spiritualität macht uns neugierig auf mehr, und wir lesen Bücher, schauen Filme, gehen zu Vorträgen, besuchen Workshops und Seminare. Wir wollen Input – je mehr, desto besser. Futter für unsere Ratio. Wir gehen davon aus, dass wir alles ja schon bearbeitet haben, was aber nie stimmt. Das Leben ist ein einziger Lernprozess, das heißt, was heute perfekt ist, hat morgen mit Perfektion nichts mehr zu tun. Leben ist ein Kommen und Gehen. Es geht das, was wir kennen, und es kommt das, was für uns neu ist – in einem Zusammenhang, der uns nie bewusst war und ist. Deshalb müssen wir immer bei uns bleiben und nicht im Außen suchen. Das Außen ist stets nur ein Hilfsmittel, um das Innere erkunden zu können.

Ulla hatte einen Kunden, der fast ausnahmslos "im Kopf" war und seine Gefühle so weit abgestellt hatte, dass er sie nicht mehr kannte. In einem Gespräch riet sie ihm, für eine Weile alle Bücher wegzulegen und stattdessen das Gespräch mit seinem Sohn zu suchen. Dabei sollte er beobachten, was er in seinem Körper wo spürt, während er mit seinem Sohn spricht. Er sollte diese Übung machen, wenn sie beide einer Meinung sind, aber auch, wenn sie heftig miteinander diskutieren. Der Kunde sah Ulla an und sagte: "Ich stelle mir das so vor: Ich bringe erst einmal Ratio und Gefühl auf ein Level. Dann integriere ich beide in ein Projekt und transformiere sie auf eine höhere Ebene." Ulla sagte: "Aha." Es stellte sich die Frage, was Ratio und Gefühl auf der höheren Ebene machen sollen.

Was soll meine Zuneigung auf einer höheren Ebene, wenn ich sie doch hier, auf der Erde, in dem Leben, das ich für mich ausgewählt habe, brauche? Was soll meine Liebe in einer anderen, höheren Dimension, wenn ich hier emotional verkümmere, weil ich nicht mehr an mein innigstes Gefühl, meine Liebe, herankomme?

Eines muss klar sein: Ohne Liebe verkümmern wir. Fühlen uns nicht mehr wohl, werden krank.

Unser Leben ist ein einziges, riesiges Netzwerk. Alles ist mit allem, jeder ist mit jedem verbunden. In all diese Verbindungen spielen unsere Befindlichkeiten hinein. Überall existieren sie, ungeachtet dessen, ob gut oder böse, sie sind einfach da und zeigen sich in den Ergebnissen, die wir erhalten. Sind wir mit den Resultaten, die wir erzeugen, nicht mehr zufrieden, ist es an der Zeit, an uns selbst zu arbeiten. Das Selbstbewusstsein will erforscht und entwickelt werden.

Wir glauben auch, dass das Leben ein ständiges Lernen ist. Umstände verändern sich, Menschen verändern sich und immer wieder geht es darum, sich an die neuen Gegebenheiten anzupassen. Immer wieder sind Veränderungen notwendig, um weiter zu wachsen.

Wichtig ist dabei, dass wir offen sind für Neues, für anderes, vielleicht nie Dagewesenes. Wir müssen bedenken, dass wir unsere Entscheidungen auf der Basis unserer bisher gemachten Erfahrungen treffen. Allein schon diese Erkenntnis impliziert, dass wir immer wieder die gleichen Wege gehen. Machen Sie sich frei von Erfahrungen, Regeln oder Vorgaben. Steigern Sie Ihre Kreativität und vergessen Sie das Wort "unmöglich"!

Fallstrick 3
Ich bin auf dem Weg

Manchmal bekommen wir auch zu hören: "Wir, die auf dem Weg sind!" Wo sonst? Diese Aussage ist absolut unnütz. Sie sagt nichts aus. Wir alle inkarnieren, um etwas zu erfahren. Die Seele weiß alles, aber sie will es erfahren. Besonders schön wird dies im Buch von Neal Donald Walsch mit dem Titel "Ich bin das Licht" beschrieben. Eine kleine Seele tut der anderen auf der Erde den Gefallen, ihr ganz furchtbar wehzutun, damit sie lernen kann zu verzeihen. Sie verabreden es vor der Inkarnation.

Wir sind also immer auf dem Weg. Sich mit Esoterik zu beschäftigen hat nicht zwangsläufig etwas damit zu tun, spirituell zu sein.

Wir definieren Spiritualität als das, was von innen kommt; Spiritualität ist bedingungslose Liebe. Nur wer sich selbst bedingungslos liebt, wird auch andere lieben können. Sicher sind diese Entwicklungen für viele Menschen Lebensaufgaben: sich vermeintliche Fehler und Unzulänglichkeiten zu verzeihen und bereit zu sein zu lernen. Bedingungslose Liebe heißt: Ich tue alles für das Wohlergehen und den Erfolg des anderen, ohne eine Gegenleistung zu erwarten. Sonst ist es Liebe, die an Bedingungen geknüpft ist und die immer zu Enttäuschungen führt. Dies hat allerdings nichts mit einem Helfersyndrom, Aufopferung oder Selbstaufgabe für jemand anderen zu tun, denn dann sind wir nicht mehr in der Selbstliebe!

Liebe ist eine Verpflichtung gegenüber einer anderen Person. Hier ein Beispiel aus Ullas Seminar. Als wir im Seminar "Liebe und andere Missverständnisse" zu ihrer Aussage "Liebe ist Verpflichtung" kamen, begann eine Teilnehmerin lauthals zu protestieren. Sie war entsetzt über den Zusammenhang von Liebe und Verpflichtung; wie konnte Ulla diese beiden Worte gemeinsam nennen? Das war doch unmöglich! Das sah sie gar nicht ein! Liebe habe nichts, aber auch gar nichts mit Verpflichtung zu tun! Ulla hörte ihr eine Weile nur zu, ließ sie ihren ganzen Ärger rausschreien. Dann sah sie sie an und sagte: "Kann es sein, dass du ein Problem mit Verpflichtung hast?" Und weiter ging das Protestieren. Es begann eine lebhafte Diskussion. Nach einiger Zeit fragte Ulla sie: "Was ist Verpflichtung für dich?" Sie antwortete: "Als Kind musste ich immer im Haushalt helfen. Ich war ein Kind. Ich wollte spielen. Aber die Arbeit ging immer vor. Mein Vater verpflichtete mich dazu. Ich war die älteste von vier Schwestern und musste immer auf die kleinen aufpassen. Das war meine Pflicht!" Sie hatten die Ursache gefunden. Ein Missverständnis! Denn: Eine Verpflichtung kann ich immer nur selbst eingehen. Kein Mensch kann mich zu etwas verpflichten! Natürlich kann er sagen: "Das ist deine Pflicht!" Sehe ich es aber nicht als meine Pflicht, werde ich diese Verpflichtung nicht eingehen. Es ist ganz alleine meine Entscheidung!

Erschwerend kam in diesem Falle hinzu, dass es sich um ein Kind handelte. Natürlich war es unmöglich, dass sie ihrem Vater widersprochen hätte. Heute ist sie jedoch eine erwachsene Frau, und die Zeiten von damals sind vorbei. Heute ist es ihre Aufgabe, sich ihr Verhältnis zum Wort "Verpflichtung" anzusehen und es, wenn nötig, zu bearbeiten. Was kommt hoch? An welche Situation erinnert es sie? Wo spürt sie eine Reaktion im Körper?

Eine Liebe, eine Partnerschaft ist eine Verpflichtung. Habe ich schon allein mit dem Wort ein Problem, dann muss ich davon ausgehen, dass ich mich nie auf eine bedingungslose Liebe oder eine bedingungslose Partnerschaft einlassen kann.

Mein großes Glück werde ich nie erleben – nur weil ich ein Wort aus einem Missverständnis heraus interpretiere.

"Wir sind spirituelle Wesen in einer menschlichen Erfahrung." Jedoch leben wir in einer überlebens-adaptiven Realität, das heißt:

Wir werden gesteuert von:

- Mangel
- Gewinn/Verlust
- Wettbewerb
- Getrenntsein
- Polarisation
- Information ist Macht

Die oben genannten Begriffe sind das, was uns antreibt. Wir glauben, im Mangel zu sein, weil wir unseren Fokus auf das legen, was wir nicht haben, statt unseren Blick auf das zu richten, war wir haben. Wir konzentrieren uns auf Gewinn und Verlust, was uns in den Kampf gehen lässt. Der Kampf hat zwar immer einen Sieger, aber auch einen Verlierer. Gleichzeitig gehen wir mit diesem Kampf in einen Wettbewerb, der das, was für Spiritualität ausschlaggebend ist, nämlich ein Miteinander, ausschließt. Und so kommen wir zum nächsten Begriff, dem Getrenntsein und der Polarisation. Wir konzentrieren uns mit dem Begriff "Information ist Macht" auf unsere Ratio, auf unseren Verstand, und kümmern uns nicht um unsere emotionale Intelligenz. Hiermit wird deutlich, dass alle diese Begriffe/Zustände, in denen wir uns befinden, unsere Spiritualität unterlaufen.

Unweigerlich kommt irgendwann der Punkt in unserem Leben, an dem wir spüren: Es muss noch etwas anderes geben. Mir fehlt etwas. Dann wenden wir uns anderen Dingen zu. Wir gehen auf die Suche nach dem Sinn des Lebens. Dabei entdecken wir die *menschlich kompatible Realität*.

Ab jetzt leben wir Werte wie:

- Respekt
- Gleichheit
- Gegenseitige Abhängigkeit
- Kollaboration
- Freiheit
- Wissen ist Macht

Mehr und mehr kommen wir im Laufe dieser Entwicklung zurück zu unserem wirklichen, unserem spirituellen Sein. Wir lernen, die Welt mit anderen Augen zu sehen, mit den Augen einer *kreativ-adaptiven Realität*. Jetzt leben wir:

- Reichhaltigkeit
- Verbundenheit
- Erkundung

- Dienstleistung

- Einssein

- Weisheit ist Macht

Unser Bewusstsein gliedert sich in die zwei Bereiche, den Körper-Geist-Bereich und den spirituellen Bereich. Spiritualität liegt jenseits der Glaubensstrukturen des Körper-Geist-Bewusstseins. Dieser spirituelle Bereich ist zeitlos und unbegrenzt. Hier finden sich Vertrauen, Ehrlichkeit, Empathie, Intuition, Kreativität, Fantasie, Inspiration und vieles mehr. Hier sind alle Grenzen aufgehoben. Es gibt kein Zuviel an Ehrlichkeit, Kreativität oder Inspiration. Wir schöpfen aus unserem vollen Potenzial. Je mehr wir an uns selbst arbeiten, desto tiefer steigen wir ein in unser Bewusstsein. Es ist unvermeidbar, dass sich unsere Werte, unsere Prioritäten ändern. Je mehr wir uns mit uns selbst beschäftigen, desto weniger Raum bleibt für Beeinflussungen von außen. Es ist der Weg zu Selbstvertrauen, Selbstliebe und Spiritualität.

Spiritualität ist unser inneres Bewusstsein.

Der Prozess, einen Weg zu unserem spirituellen Bereich zu finden, beinhaltet die Auflösung persönlicher Glaubensstrukturen, die den bewussten Zugang verhindern.

Seit unserer Geburt sind wir "auf dem Weg", und wir wissen heute schon, wann wir angekommen sein werden. Dann, wenn wir sterben. Es geht darum: Was machen wir mit der Zeit dazwischen, zwischen Geburt und Tod? Wie nutzen wir sie? Schöpfen wir aus dem Vollen oder schränken wir uns ein?

Ist es uns bewusst, dass das, was wir geben, genau das ist, was wir bekommen werden? Vor allen Dingen: Wissen wir, dass wir am Ende keinen Tag zurückbekommen werden? Dass wir nicht eine Minute, nicht ein Jahr, nicht eine Aktion wiederholen können?!

Fallstrick 4
Der ist nicht spirituell!

Doch! Auch wenn es vielen Lesern nicht gefallen wird. Jeder Mensch ist spirituell und macht hier menschliche Erfahrungen. Doch wir werten diese, wenn sie verletzend oder enttäuschend sind, nicht als Spiritualität. Aber wie unter Fallstrick 3 schon erklärt, geht es um den innerlichen Wachstumsprozess. Weigert sich jemand aus Angst, sich seinen Verletzungen zu stellen, kann das spirituelle Wachstum gehemmt sein und im wahrsten Sinne des Wortes auf der Strecke bleiben. Verletzungen müssen zunächst geheilt werden, erst dann kann persönliches Wachstum fortschreiten.

Wir wiederholen noch einmal: Spiritualität darf nicht mit Esoterik gleichgesetzt werden. Unter Esoterik war früher die Übermittlung von Geheimwissenschaften oder Geheimwissen gemeint. Sieht man die Esoterik unter dem Aspekt der Spiritualität, geraten viele in einen Konflikt. Denn Spiritualität würde bedeuten, nichts geheim zu halten, sondern jedem, der es wünscht, den Weg zu zeigen zu dem Wissen, zu dem er bisher noch keinen Zugang hatte.

Spiritualität schafft Einheit, Verbundenheit, Liebe, Freude, Freiheit. Wenn Menschen abgewertet werden, in welcher Form der Esoterik auch immer, ist es nicht spirituell. Spiritualität heißt auch: Respekt vor allem Sein.

Vor allem gibt es in der Spiritualität kein Beurteilen und schon gar kein Verurteilen. Aussagen wie "Der ist nicht spirituell" oder "Ich habe Wissen, das andere nicht haben, ich bin schon viel weiter als du" haben mit Spiritualität überhaupt nichts zu tun. Hier sind wir in der überlebens-adaptiven Realität (siehe Fallstrick Nr. 3). Hier regieren Mangel, Wettbewerb und Polarisation.

Wir haben uns entschieden, den Weg der Wissenschaft und des "Verstehens" zu gehen. Damit haben wir den Weg des Alleinseins verlassen und uns auf die Dualität der Dinge konzentriert. Das ICH bekommt somit einen individuellen Wert, den es aber nicht hat. Denn ohne Familie und Freunde, ohne Natur wie Wasser und Pflanzen, ohne Tiere können wir nicht existieren.

Dieses Abkoppeln führte dazu, dass wir als Menschheit eine vermeintliche Vorrangstellung eingenommen haben, die wir uns selbst verliehen haben, deren Gültigkeit in der Gesamtheit aber keinerlei Anspruch hat. Im Gegenteil: Die Natur, Pflanzen und Tiere haben uns unser "Wissensspiel" eine Weile spielen lassen. Wir haben es immer weiter perfektioniert, ohne Rücksicht auf Verluste. Nun ist die Zeit gekommen, da die Natur zurückschlägt. Mit Unwettern wie Tornados, Tsunamis, Hurrikans und Hochwasser zeigt sie uns, wozu sie im Stande ist. Was uns eines Tages die Tiere zeigen werden ... Gut, dass wir es nicht wissen.

Dennoch ist es offensichtlich, dass wir auf diese radikale Veränderung zusteuern. Eine andere als eine radikale würden wir auch gar nicht verstehen und somit nicht akzeptieren.

Diese Veränderung können wir auch "Rückbesinnung" nennen. Rückbesinnung auf das wirklich Wesentliche. Dazu gehört das Anerkennen, dass jeder Einzelne SEINEN Weg gehen muss. Er/sie wird auf diesem Weg verschiedene Aufgaben bekommen, und wie er/sie diese löst, ist ganz allein seine/ihre Sache.

Wir beide wissen, dass wir manches Mal Entscheidungen getroffen habe, die so gar nichts mit Spiritualität zu tun hatten. Wir – jeder für sich – haben sie getroffen, weil wir uns in diesem Moment damit wohlgefühlt haben. Stellte einer von uns nach einigen Tagen fest, dass es eine andere Entscheidung hätte sein müssen, dann war sich derjenige von uns immer bewusst: Man würde eine nächste Chance erhalten. Früher oder später.

Derjenige, der in einem Problem feststeckt, verliert oft die Fähigkeit, die Sachlage neutral zu beurteilen, da er emotional betroffen ist. Gefühle haben Vorrang vor Rationalität. Ein ganz typisches Beispiel hierfür sind Mütter mit ihren Kindern.

Eine Mutter wird immer für ihr Kind kämpfen, versuchen, Schmerz und Verletzung von dem geliebten Kind fernzuhalten und es finanziell unterstützen. Dabei vergisst sie leicht, dass auch dieses Kind hier ist, um zu lernen. In punkto "Wachstum" ist die Eltern-Kind-Beziehung (egal ob Vater oder Mutter) ein Paradebeispiel.

Hier die Geschichte eines Seminarteilnehmers: "Ich war immer schon sehr stolz auf meinen Sohn. Natürlich hatte er ein paar Flausen im Kopf, aber er kriegte sich immer wieder ein – mit meiner Hilfe oder ohne sie. Finanziell habe ich ihn immer unterstützt. Er sollte es besser haben als ich. Mittlerweile ist er erwachsen, ist verheiratet und hat drei Kinder. Irgendwann stand für ihn die Entscheidung im Raum, ob er ein Haus kaufen solle oder nicht. Er entschied sich für den Kauf, und mit Hilfe meiner Bankbürgschaft hatten wir bald das richtige Heim für die Familie gefunden. Alles lief wunderbar. Zwei Jahre lang. Dann kam der Paukenschlag. Mein Sohn besuchte uns an einem Sonntag. Wir waren erstaunt, dass er alleine kam, dachten aber, dass er gerne mal wieder Zeit mit seinen Eltern verbringen wollte. Wir tranken gemeinsam Kaffee, saßen im Garten und gönnten uns noch ein Glas Wein. Dann platzte er damit heraus: 'Mama, Papa, ich werde mich von meiner Frau trennen! Es klappt nicht mehr. Wir haben uns auseinandergelebt.' Wir wussten nicht, was wir antworten sollten.

Am Abend, als er wieder weg war, unterhielt ich mich mit meiner Frau. Wie würde es weitergehen? Was passiert mit unseren Enkelkindern? Wer wird im Haus bleiben? Kann denn einer der beiden das Haus überhaupt halten? Was geschieht mit unserer Bürgschaft?

Mittlerweile sind sie getrennt und unser Sohn ist im Haus geblieben. Leider kommt es mit der Finanzierung nicht mehr hin. Der Unterhalt für drei Kinder und seine Ex-Frau sowie die Abzahlung des Hauses kann er von seinem Gehalt nicht bedienen.

Beim Verkauf des Hauses würde er einen großen Verlust machen und bräuchte dann auch eine Wohnung, für die er auch noch Miete zahlen müsste.

Vor einigen Jahren haben wir eine kleine Feier mit Familie und Freunden gemacht. Der Grund: Unser Haus war endlich abbezahlt. Wir waren schuldenfrei. So, wie es aussieht, währte diese Freude nur kurz. Wir werden wohl demnächst aus unserer Bürgschaft zur Rechenschaft gezogen werden."

Diese Geschichte soll Ihnen zeigen: Je früher wir etwas lernen, desto einfacher wird es sein. Werden uns zum Beispiel finanzielle Probleme als Kind immer von den Eltern abgenommen und setzt sich das so weiter fort, dann werden wir wohl im Alter von 40, 45 oder 50 Jahren lernen müssen, mit Geld umzugehen. Keine Frage: 20 Euro Taschengeld einzuteilen ist wesentlich leichter, als eine Schuld von mehreren Hunderttausend Euro nicht zahlen zu können. Es gibt aber noch einen Fallstrick für die, die bisher glaubten, spiritueller als andere zu sein.

Wer glaubt, spiritueller zu sein, der hat nicht verstanden, dass alle spirituell sind, und folgt einer Illusion, die ihn blockiert und in menschlichen Zügen gefangen hält.

Jeder Mensch hat ein Anrecht auf seine persönliche Wahrheit und seine Gefühle, die damit verbunden sind. Diese Aspekte sind veränderbar, und mit neuen Erfahrungen können sich Gefühle ändern und Sachverhalte werden neu bewertet oder als wahr erachtet. Wir kennen das aus Forschungsbereichen aller Art: Etwas Neues wird entdeckt, für gut befunden – und Jahre später erkennt man, dass man Teilaspekte übersehen hat und ein Medikament doch Nebenwirkungen hat, die vorher nicht erkennbar waren. Die Freude darüber erlischt, Vorsicht hält Einzug, aber vielleicht auch der Anreiz, etwas zu verändern.

Wer anderen eigene Ansichten nicht zugesteht, urteilt, wird zum Kämpfer, zum Krieger und verstrickt sich in Polaritäten, die erneut nach Ausgleich streben. Wer in dieses Spiel hineingerät, verliert Energie und kommt aus der wahren Schaffenskraft, der Gelassenheit, Hingabe, Freude und Akzeptanz heraus. Er verliert seinen inneren Frieden, den es im Grunde in unserem menschlichen Dasein zu entwickeln gilt.

Zwanghaftes Verkonsumieren von Seminaren und Vorträgen

Sobald wir uns auf den Weg machen, unser spirituelles Bewusstsein zu erforschen, entwickelt sich unsere Neugierde immer mehr. Wir saugen das Neue quasi auf wie ein Schwamm. Sei es in Form von Büchern, Vorträgen und/oder Seminaren. Wir wollen weiterkommen, je schneller, desto besser.

Für unseren Geist kann ein Zuviel an Information jedoch ermüdend sein. Der Vergleich mit einem total überladenen Kinderzimmer bietet sich hier an. Zunächst ist das Kind glücklich mit seinen Spielsachen, dann kommen immer mehr und es weiß nicht mehr, womit es spielen soll. Anstatt einer Minimierung kommen aber weiterhin neue Spielsachen. Oft geht unser Denken in die Richtung: Da muss etwas Neues her, wenn das Alte seinen Zweck nicht mehr erfüllt. An eine Reduzierung, die einem Rückschritt nahekommt (aber nur in unserer Vorstellung!), denken wir gar nicht. Genauso ist es mit den neuen Gedanken, Ideen, Richtungen in unserem Kopf. Ein Übermaß an Angebot kann nicht nur zu Ermüdung führen, die entstehende Verwirrtheit ist hier nicht außer Acht zu lassen: Was soll ich denn nun umsetzen? Ich kann mich nicht entscheiden. Hilfe! Ich brauche mehr Input! Lassen Sie Ihr Bewusstsein zur Ruhe kommen. In der Ruhe liegt die Kraft, das wussten schon unsere Vorfahren. Gehen Sie es langsam an. Wägen Sie ab. Was passt zu Ihnen, was macht Ihnen Spaß? Wenn es nicht Ihr Ding ist, über heiße Kohlen zu laufen, dann müssen Sie es auch nicht tun. Wenn etwas, ein bestimmtes Gefühl, Sie von etwas abhalten will, dann geben Sie diesem Gefühl nach.

Denken Sie immer daran: Unser zweites Gehirn liegt in unserem Bauch. Es arbeitet vorwiegend mit Gefühlen. Mit diesen Gefühlen führt es uns in die richtige Richtung. Wenn wieder einmal die Entscheidung ansteht: Kopf oder Bauch – dann hören Sie auf Ihren Bauch.

Ulla und ich kommen aus ganz unterschiedlichen Richtungen. Im Laufe der Jahre unserer Zusammenarbeit lernten wir immer mehr, diese Unterschiede als Ergänzungen zu sehen. Wir decken so ein viel größeres Gebiet ab als jeder für sich alleine. Natürlich gibt es immer wieder Punkte, an denen wir verschiedener Meinung sind. Dann setzen wir uns zusammen und reden und sprechen diese verschiedenen Standpunkte aus. Wir schauen sie gemeinsam an und versuchen, einen Konsens zu finden. Finden wir einmal keine Übereinstimmung, dann machen wir beides. Jeder auf seine Art und Weise.

Auch in unseren gemeinsamen Seminaren, wie zum Beispiel unserem Seminar "Tiefentransformation", gehen wir die Themen aus verschiedenen Richtungen an. Das Ziel ist das gleiche, und unsere Teilnehmer haben die Möglichkeit, sich für eine Methode zu entscheiden oder beide anzuwenden. Das ist gelebte Kreativität.

Kennen Sie noch das Sprichwort "Viele Köche verderben den Brei"? Genau so ist das auch mit zu vielen Workshops, Seminaren,

Webinaren, Teachings, Coachings und was es da noch so alles gibt. Wenn Sie Ihrem Bewusstsein sagen: Ab heute konzentrieren wir uns auf die Lehren von Osho (ehemals Bhagwan), dann stellt sich Ihr Bewusstsein darauf ein. Sie lesen die Bücher von Osho, schauen sich Videos im Internet an und vieles mehr. Dann erzählt Ihnen jemand begeistert: "Ich habe ein Buch von Krishnamurti gelesen. Das musst du auch lesen!" Natürlich holen Sie sich das erste Buch und sind fasziniert, das zweite Buch folgt, dann eine DVD seiner Vorträge in Saanen.

Noch haben Sie Glück; beide sind Verfechter der Folge-keinem-Guru-Einstellung. Allerdings auf verschiedene Art und Weise. Als Osho noch als Bhagwan in Indien tätig war, galt er (und gilt er immer noch) als Rebell. Während eines Meditationscamps im Jahre 1970 begann er mit der Initiierung seiner ersten Schüler, seiner Sannyasins. Seine Arbeit wurde unter anderem von Mitgliedern einer Religionsgemeinschaft unterstützt, darunter einige sehr wohlhabende. Seine Überzeugung war, dass Menschen schockiert werden müssen, denn nur so könnten sie erweckt werden. 1968 plädierte er in seinen Vorträgen für eine freizügigere Atmosphäre in Bezug auf Liebe und Sexualität und setzte das selbst auch in die Tat um.

Krishnamurti wiederum war eher ein stiller, ruhiger Rebell. Er widmete einen Großteil seiner Arbeit der Meditation. 1911 wurde er Oberhaupt einer Vereinigung, die sich "Order of the Star in the East" nannte. Vorwiegend ging es hier um humanitäre Hilfe. Er selbst zerbrach sein Image als neuer Messias und betrachtete sich selbst als "spirituellen Philosophen". Sein Lebenswerk bestand bis zum Schluss aus der radikalen Verneinung von Guruismus (in seinen Vorträgen betonte er immer wieder: "Glauben Sie nichts von dem, was Sie heute hier hören!"), Religion und Organisation. So stark, wie er diese Themen ablehnte, so stark bejahte er Freiheit, Lebendigkeit und Aufmerksamkeit.

Aus diesen beiden Beispielen können Sie schon ableiten, wie schwierig es ist, unterschiedlichen Meinungen zu folgen. Sortieren Sie nach folgenden Kriterien:

1) Was macht mir Freude?

2) Womit fühle ich mich wohl?

3) Was gibt mir körperliches Wohlbefinden?

4) Was schenkt mir seelischen Gleichmut?

Vor allen Dingen: Geben Sie sich die Zeit, die Sie brauchen!

Und denken Sie an die bereits beschriebenen Fallstricke. Sie werden nicht spiritueller, wenn Sie mehr lernen, es geht vielmehr darum, wie Sie mit Unterschiedlichkeit umgehen, mit Ihren Bedürfnissen. Wie groß ist Ihre Selbstliebe? Ist sie abhängig davon, wie viel Sie lernen? Oder lernen Sie, weil es Freude macht? Lernen Sie, um besser zu sein als andere oder um Ihr Bewusstsein zu steigern?

Viele Menschen lernen viel, um sich besser zu fühlen, um dadurch vermeintlich mehr Selbstwert zu erlangen. Viele lernen aus Angst, nicht gut genug zu sein. Das hat nichts mit Spiritualität zu tun.

Fallstrick 6

Das muss schneller gehen

W ir kennen sie alle: Die Ungeduld! Herr, gib mir Geduld – und zwar JETZT!

Ein ZEN-Sprichwort sagt: Wenn du es eilig hast, gehe langsam!

Warum fällt es uns so schwer zu warten?

Wir haben jeden Tag 24 Stunden zur Verfügung. Das ist viel Zeit. Was wir heute nicht schaffen – morgen haben wir wieder 24 Stunden Zeit. Wir wollen aber alles, am besten gleich. Geht es vielleicht gar nicht um das "gleich", also um die Zeit, sondern vielmehr um das "alles", um das, WAS wir wollen?

Wenn es nicht die Zeit ist, sondern das "WAS", dann drängt sich der Gedanke auf: Setze ich die falschen Prioritäten? (Machen Sie sich bewusst: Wir können die Zeit nicht managen. Aber wir können die Aktivitäten und Prioritäten in unserem Leben managen.)

Nehmen Sie sich fünf Minuten Zeit (ich weiß, das ist schwer. Bitte machen Sie es trotzdem). Beantworten Sie die folgenden Fragen:

Wie viel Zeit verwenden Sie darauf, sich Sorgen um Dinge zu machen, die nie eintreten werden? Wie viele Dinge tun Sie, obwohl das auch ein anderer (Mann/Frau, Kind, Arbeitskollege) erledigen könnte? Wie oft und wie ausgiebig leben Sie die Dinge, die Ihnen Spaß machen? Wie oft nehmen Sie sich zurück? (Schreiben Sie diese Fragen auf und beantworten Sie sie auf einem extra Blatt Papier. Nach einer Weile, ein paar Wochen, nehmen Sie den Zettel mit den Fragen wieder zur Hand und beantworten sie, wieder auf einem extra Blatt Papier, erneut. Sie können dann aus den beiden Antwortzetteln Ihre "Entwicklung" ablesen und sehen deutlich, wo noch Handlungsbedarf besteht und wo Sie sich enorm verbessert haben und Ihrem Ziel schon sehr nahe gekommen sind oder es gar erreicht haben.)

Aus den Antworten können Sie erkennen, wie sehr Sie sich beeinflussen lassen und welchen Wert Sie selbst in Ihrem Leben einnehmen. Entspricht das Resultat Ihren Vorstellungen: herzlichen Glückwunsch – wunderbar! Entspricht das Resultat nicht Ihren Vorstellungen: Beginnen Sie noch heute damit,

1) Ihre Prioritäten zu bestimmen.

2) Ihre Prioritäten neu zu setzen.

3) Ihre Prioritäten zu leben.

Was sind Prioritäten? Prioritäten sind unsere innersten Werte. Das, was wir am sehnlichsten wollen. Was das ist, bestimmen Sie selbst.

Haben Sie Ihre Prioritäten bestimmt, dann beginnen Sie, sie in Ihren Alltag zu integrieren. Leben Sie sie! Frust und schlechte Laune kommen daher, dass wir unsere eigenen Bedürfnisse entweder gar nicht mehr kennen oder, wenn wir sie kennen, sie zu wenig beachten.

Nur wenn wir zufrieden sind, dann haben wir Spaß an dem, was wir machen. Sei es im Haushalt oder im Beruf. Es ist das Gleiche. Machen Sie sich bewusst: Es gibt Sie nur einmal. Es ist immer die gleiche Person, ob Sie zu Hause sind oder im Büro, auf dem Tennisplatz oder im Supermarkt. Das heißt: Es gibt keine Trennung zwischen Berufs- und Privatleben.

Oft hören wir in unseren Coachings: Ich hatte solchen Ärger im Büro ... Seien Sie sich bewusst, diesen Ärger nehmen Sie mit nach Hause. Genauso ist es, wenn Sie morgens verärgert aus dem Haus gehen. Diese Laune nehmen Sie mit an Ihren Arbeitsplatz.

Sprechen Sie über das, was Sie beschäftigt. Die Dinge wollen beim Namen genannt werden. Nur wenn etwas ausgesprochen wird, ist es für unser Gehirn real. Ansonsten wird es in der Kategorie "Hirngespinste" abgelegt. Es wird nicht bearbeitet, sondern schmort in Ihrem Inneren immer weiter. Solche unausgesprochenen Probleme sind oft der Auslöser für spätere Krankheiten.

Sagen Sie, was Ihnen auf der Seele brennt, was Ihnen am Herzen liegt. Nur dann können andere darauf reagieren. Auch wenn das Gespräch immer Zeit "kostet" – diese Zeit ist gut angelegt. Sie sind es sich doch wert – oder?

Auch bei Heil- oder Selbsthilfemethoden erleben wir immer wieder, dass Neues vermeintlich schneller geht, dass wir in der heutigen Zeit doch andere Methoden bräuchten, die schneller greifen. Nicht immer ist Neues besser. Wir wollen damit nicht abstreiten, dass es viele neue Entdeckungen gibt, auf welchem Gebiet auch immer, die eine bessere Lebensqualität oder Hilfe versprechen, das ist nicht damit gemeint. Wir meinen Menschen aus der esoterischen Szene, die gehetzt durchs Leben laufen, aber nicht verstehen, um was es im Leben wirklich geht.

Viele verstehen darunter auch, dass sie zu einem Heiler gehen und dieser in einer Sitzung oder wenigen Minuten ihr Problem löst und "wegzaubert". Nun, so eine Erste Hilfe funktioniert wirklich.

Steuermann unseres Tuns sind unsere bewussten und unbewussten Gefühle. Sich ihrer bewusst zu werden, geht nur, wenn wir in das Gefühl wirklich tief eintauchen. Nur dann ist eine dauerhafte Transformation möglich. Zumindest für einen Teilbereich. Die schnelle, meist rationelle Aufarbeitung mag kurzfristige Entspannung und Erleichterungen bringen, aber sie nehmen jedem Betroffenen die Fähigkeit, sich selbst zu ermächtigen, sich selbst zu helfen, sich bewusst zu werden und damit sein Bewusstsein dauerhaft zu erweitern.

Heilmethoden, die unsere verletzten Gefühle, derer wir uns oft gar nicht mehr bewusst sind, weil sie mit anderen Gefühlen zum Schutz überlagert wurden, ansprechen, helfen immer. An die gedeckelten Gefühle heranzukommen bedeutet, sich Zeit zu nehmen und zu forschen. Manchmal liegt hinter einer Trauer Wut. Oder hinter Wut eine tiefe Trauer. Die Wurzel gilt es zu heilen, an die Oberfläche kommen wir dagegen schneller, sie ist fast immer im Bewusstsein der Betroffenen. Dazu kommt, dass wir im Laufe unseres Daseins unzählige Elementale (s. hierzu die Beschreibung in der Einleitung und unter Fallstrick 2) geschaffen haben. Sie heilen in einer Sitzung das, was gerade da ist. Das muss nicht zwangsläufig bedeuten, dass das Thema, um das es für Sie gerade geht, nun nie wieder in Ihrem Leben auftaucht. Sich intensiv und bewusst damit auseinanderzusetzen hat den Vorteil, dass Sie für das nächste Mal die Lösung in sich tragen und ganz anders damit umgehen können. Sie lernen, sich selbst zu helfen – und Sie werden stärker und gefestigter, weil Sie wissen, dass Sie das Problem lösen können. Diese neu erworbene Kraft und das damit verbundene Selbstbewusstsein lässt Sie eine ganz andere Energie ausstrahlen, und auch das bringt viele unerwartete positive Veränderungen für Sie mit sich.

Ein wenig mehr über den Faktor Zeit finden Sie auch noch im Zusammenhang mit dem Fallstrick 9.

Fallstrick 7

Schlechtes Karma, die Erklärung für alles

Es ist wohl eine der besten Ausreden, die es gibt. Komme ich mit meinen Mitmenschen nicht zurecht, bleiben meine Wünsche unerfüllt, lebe ich nicht das Leben, das ich gerne leben würde, dann ist das eben mein Karma. Da kann man (ich) nichts machen. Das ist eben so. Das habe ich aus Vorleben übernommen, und jetzt muss ich mich nun mal damit abfinden und damit leben. Das Karma bringe ich aus einem meiner Vorleben mit (und wer weiß schon, wie viele Vorleben er hatte?), und ich kann in Vorleben zurückgehen und nachschauen, was passiert ist.

Ob ich das tue oder nicht, die Antwort bleibt immer die gleiche: Im HIER und JETZT ist es meine Aufgabe aufzulösen, was immer ich aufzulösen habe. Jetzt kann ich etwas ändern. Immer und jetzt! In meinem jetzigen Dasein muss ich mir bewusst werden, wo ich immer noch nach diesem alten Muster vorgehe, und es jetzt ändern.

"Es ist nie zu spät für eine schöne Kindheit!" Ein Spruch, den Ulla dank eines guten Freundes wahrgemacht hat: In ihrer Kindheit durfte sie nicht mit Kreide auf die Pflastersteine im Hof oder auf der Straße malen. Sie hätte so gerne einmal dieses "Hüpfkästchen" aufgemalt und "Himmel und Hölle" mit ihren Freunden gespielt. Aber das war verboten, streng verboten. Bis vor ein paar Jahren vermisste sie es. Anfangs war ihr das natürlich nicht bewusst. Doch nach und nach stieg sie im Rahmen ihrer Arbeit mit sich selbst immer tiefer in ihre Kindheit ein, und immer mehr Einzelheiten kamen ans Licht. So auch "Himmel und Hölle". Sie traf sich mit einem Freund und erzählte ihm davon. Er sah sie nur an und sagte: "Ja und? Warum machst du das denn jetzt nicht? Du hast einen Hof, du kannst dir Malkreide besorgen ... Leg einfach los." Und sie legte los. Im Hof wurde ein Hüpfkästchen aufgemalt und mit ein paar Freundinnen hüpften wir, nicht mehr ganz so schnell und hoch wie als Kinder, in die Kästchen und warfen erneut die Steine. Es war wunderbar!

Was mit der Kindheit klappt, klappt auch mit vergangenen Leben. Sie müssen Ihr Karma nicht mit sich herumschleppen. Lassen Sie es los! Finden Sie, was Sie blockiert, und lassen Sie es los! Wer loslässt, hat beide Hände frei für Neues!

Wir kommen mit einem "Auftrag", den wir nicht bewusst kennen, auf diese Welt. Das ist genau so, als ob Sie sich ein Haus kaufen. Dazu gibt es einen Vertrag. Diesen Vertrag wollen Sie nach 40 Jahren löschen, aber: Der Vertrag war nur mündlich, nicht schriftlich. Es gibt also keinerlei Unterlagen, in denen Sie nachschauen können. Das Kleingedruckte im Vertrag war Ihnen von Anfang an nicht bekannt, Sie hatten es überhaupt nicht gelesen. Wie wollen Sie das jetzt, nach 40 Jahren löschen? Zumal dieser Vertrag wie ein Netzwerk arbeitet. Denn inzwischen sind z. B. Ihr Partner, Ihre Kinder, Ihre Eltern, Ihre Nachbarn, Ihre Arbeitskollegen usw. irgendwie mit diesem Haus und diesem Vertrag verstrickt.

Das heißt: Selbst wenn Sie einen Teil des Vertrages löschen können, bleiben andere Teile weiterhin bestehen.

Diese Reise, die wir "Leben" nennen, hat zum Ziel, dass wir wachsen. Dass wir Zusammenhänge verstehen, dass wir uns selbst verstehen, dass wir mit unseren Gefühlen umgehen lernen, indem wir sie kennenlernen.

Es geht nie und nimmer darum, Ihnen irgendwelche Fehler oder falsches Verhalten vorzuhalten. Es geht immer darum, Sie an Ihre Blockaden heranzuführen, damit Sie sie auflösen.

Weder Ihr Schicksal noch Ihr Karma noch irgendwelche so-genannten Albträume wollen Ihnen Angst machen. Bei den Albträumen weiß ich durch eigene Erfahrungen (ich führe seit Jahren ein Traumtagebuch für meine Traumarbeit und Traumseminare), dass uns unsere Träume auf gewisse Dinge in unserem Leben hinweisen. Haben wir nun eine "Baustelle", dann schickt unsere Seele uns einen Traum, der uns darauf hinweist. Meist begreifen wir das nicht und können uns entweder gar nicht an den Traum erinnern oder finden ihn höchst merkwürdig. Dann schickt uns unsere Seele einen zweiten, dritten und vierten Traum. Alle diese Träume weisen auf die gleiche Baustelle hin, die wir bearbeiten müssen. Reagieren wir nach vielen Träumen immer noch nicht, dann wird die Baustelle allmählich zu einer gefährlichen Baustelle. Dann erhalten wir einen Albtraum. Dieser Traum erschreckt uns, wir wachen mit einem Schrecken auf und können uns manchmal Tage später noch an den Traum erinnern bzw. an ein gewisses Gefühl, das wir in dem Traum hatten. Nun wird es höchste Zeit, dass wir uns um unsere Baustelle kümmern! Hier ist Gefahr im Anmarsch, denn: Wenn die Seele nicht mehr kann, dann bittet sie den Körper um Hilfe. Der Körper hilft, indem er krank wird.

Werden Sie neugierig darauf, sich selbst kennenzulernen. Es gibt nichts Spannenderes, nichts Faszinierendes als unser Selbst. Ich könnte auch Ego sagen, aber das ist ein späteres Kapitel.

Wir konzentrieren uns auf unsere Umwelt, auf unsere Nachbarn, auf die Krise in unserem Nachbarland. Die Wissenschaft konzentriert sich darauf, ob es Leben auf dem Mars gibt (wie arrogant sind wir eigentlich, davon auszugehen, dass wir die Einzigen sind?!). Wo aber bleibt die Exkursion nach innen? Wo bleibt denn die Einsicht: Ja, ich habe Macken – und das ist gut so!?

Am meisten beschäftigt uns immer wieder die Frage und gleichzeitig Tatsache: Warum gehen wir immer und immer wieder in unsere Ängste und lassen uns fernsteuern? Warum halten wir uns streng an Regeln, die so nützlich sind wie ein Loch im Kopf?

Hierzu möchten wir Ihnen ein kleines Beispiel von Ulla erzählen: Sie hatte ihren Freund in den USA besucht, und er brachte sie zum Flughafen. Sie fuhren über den Parkplatz, ohne dass er sich auch nur im Geringsten um die weißen Linien kümmerte. Irgendwann (ihr tat dieses "Überfahren" der Linien fast schon körperlich weh, sie war ja gut erzogen und hielt sich an Vorgaben und Regeln) fragte sie ihn: "Hast du dir schon mal Gedanken darüber gemacht, dass diese weißen Linien einen Sinn haben könnten?" Seine Antwort kam prompt: "Ja, habe ich. Ich konnte aber keinen Sinn darin entdecken. Weißt du, ich halte mich an meine eigenen Regeln. Ich achte sehr darauf, dass ich nie jemanden absichtlich verletze. Ansonsten mache ich, was ich für richtig halte, und das verantworte ich zu einhundert Prozent."

Es wird auf dieser Welt kein Chaos ausbrechen, nur weil ich mich nicht an weiße Linien halte. Es wird auf dieser Welt auch kein Chaos ausbrechen, wenn wir einige Regeln lockerer sehen oder gar eliminieren (sofern wir niemanden damit absichtlich verletzen). Eines müssen Sie wissen: Das Chaos ist in dieser Welt längst schon angekommen – und zu dieser Zeit hat sie sich noch strikt an die weißen Linien gehalten.

Was auch immer so gerne "schlechtes Karma" genannt wird, ist nichts anderes als Bereiche in Ihrem Leben, die noch verbessert werden können oder müssen. Wir alle sind weder gut noch schlecht – wir sind ganz einfach mitten in einem Entwicklungs- und Lernprozess und haben unendlich viele Möglichkeiten, an uns und mit uns zu arbeiten.

Tatsache ist: SIE alleine bestimmen den Weg und das Ziel!

Fallstrick 8

Das habe ich längst verziehen

Die buddhistische Psychologie (ZEN) geht davon aus, dass sich unser Charakter, d. h. unsere Verhaltensweisen, Muster und Einstellungen, im Alter von 0 bis 7 Jahren bildet. Dies geschieht durch die Erfahrungen, die wir machen, unsere Erziehung und die Einflüsse, die auf uns einwirken. Maßgeblich sind hier unsere Eltern, Familie, Freunde, uns nahe stehenden Personen, aber auch KindergärtnerInnen und LehrerInnen beteiligt. Ob uns das bewusst ist oder nicht, ist unerheblich.

Das bedeutet, dass die Ursache für unser späteres Verhalten sich bereits in diesen jungen Jahren etabliert und sich manifestiert. Entscheidend ist hier das Gefühl/die Emotion, das/die wir mit der Erfahrung verbinden. Ein Beispiel, wie es gewesen sein könnte: Wird die Ehe der Eltern geschieden und unser Vater "verlässt" uns, wenn wir z. B. 4 Jahre alt sind, so erleben wir Trauer, aber auch Wut. Wir wurden alleine gelassen. Wir fragen uns: 'Was habe ich falsch gemacht, dass ich alleine gelassen werde?'

Dieses Gefühl der Wut wird von Trauer überdeckt. Es "gehört" sich auch nicht, wütend zu sein (das haben wir gelernt, das hat man uns beigebracht). Ein Kind darf nicht vor Wut schreien und toben. Es darf nicht brüllen und schlagen und sich wehren (was wir in einer solchen Situation nur zu gerne machen würden). Aber wir halten die Wut zurück. Sie ist nicht schön, sie ist negativ und sie macht uns hässlich.

Im Alter von 24 Jahren (20 Jahre später) merken wir, dass mit uns etwas nicht stimmt. Wir suchen nach etwas, das wir nicht benennen können. Eine gewisse Traurigkeit ist unser Begleiter. Diese Traurigkeit spielt auch in unsere Beziehungen hinein. Sei es nun die Beziehung zu einem Partner, zu unseren eigenen Kindern, Eltern, Freunden oder Arbeitskollegen.

Weitere 20 Jahre später, wir sind jetzt 44 Jahre alt, besuchen wir ein Seminar zum Aufbau des Selbstbewusstseins. Hier kommt zum ersten Mal die Tatsache hoch, dass unser Vater uns verlassen hat. Er ist es, den wir seit Jahren, ja Jahrzehnten suchen. Die Trauer kommt hoch. Wir verstehen dann, dass der Vater in erster Linie nicht uns verlassen hat, sondern einfach nur das Leben gelebt hat, das er wollte und wahrscheinlich lange Zeit vermisst hat. Wir waren nicht der Grund, warum er gegangen ist. (Hier müssen wir bedenken: Hätte er sich nicht getrennt und wäre wegen uns geblieben, hätte das nicht unbedingt zu einem anderen Ergebnis geführt. Wir hätten gespürt, dass unser Vater unglücklich ist, dass er etwas vermisst. Und: Wir hätten uns die Schuld gegeben!!! Wäre es dann, nach 40 Jahren, zu einem Gespräch gekommen, hätte er eventuell gesagt: "Deinetwegen bin ich geblieben." Schon haben wir wieder Schuldgefühle.) Das können wir verstehen und sind bereit, diesen dunklen Punkt unserer Kindheit zu bearbeiten. Wir verzeihen unserem Vater schließlich. So können Probleme angegangen und erledigt werden.

Nehmen wir an, es vergehen weitere 10 Jahre (jetzt sind wir 54 Jahre alt) und irgendwie, wir wissen nicht wie, steht erneut "etwas" vor uns, aber wir wissen nicht, was es ist. Es kommt so ein Gefühl hoch, von dem wir nur wissen: Das wollen wir nicht fühlen. Wir laufen also weg, fahren in Urlaub, vielleicht ziehen wir in eine andere Stadt, beschäftigen uns mit Fortbildung, gehen in die Vergangenheit, in Vorleben, um alte Wunden zu heilen.

Mittlerweile ist es 50 Jahre her, dass unser Vater uns verlassen hat. Vor 50 Jahren also haben wir unsere Wut vergraben. Seitdem ruht sie auf dem Boden unserer Seele. Von dort aus beeinflusst sie unser Sein bis zum heutigen Tag. 50 Jahre, in denen die Wut in unendlich vielen Situationen erscheinen wollte, in denen sie uns unbemerkt lenkte, sich bemerkbar machte. Doch erst jetzt erkennen wir bewusst, dass sie überhaupt existiert. Wir hatten sie so gut versteckt, dass sie uns überhaupt nicht mehr bewusst war. Sie existierte nicht mehr – aber nur in unserer Vorstellung!

Solange diese Wut nicht ausgelebt wird, KÖNNEN wir niemandem vergeben. Wir sind einer Täuschung aufgesessen.

Unsere Emotionen sind wie Kinder. Sie wollen beachtet werden, und zwar jede einzelne Emotion! Sie wollen gelebt werden. Sie sind ein Teil von uns. Teil eines Ganzen. Beachten wir nun eine Emotion (in diesem geschilderten Fall die Wut) nicht, so beachten wir einen Teil von uns selbst nicht. Wir lehnen einen Teil von uns ab. Wir negieren einen Teil von uns. Das führt dazu, dass wir uns nicht vollständig fühlen.

Erst wenn wir uns unseren Gefühlen stellen, sie anerkennen und sie zeigen, beginnen wir, an unserer Heilung zu arbeiten.

Wir dürfen nicht vergessen, dass die Gefühle in unendlich vielen Situationen und Lebenslagen eine Rolle spielen. Emotionen sind das Netzwerk unseres Seins. Pflegen wir dieses Netzwerk derart, dass alle Beteiligten die maßgebliche Rolle bekommen, die sie haben, dann sind wir auf dem Weg der inneren Heilung.

Im Falle eines Verlustes müssen wir trauern; wir müssen aber auch unsere Enttäuschung, unsere Wut leben. Dann führen wir ein authentisches Leben.

Es geht im Leben immer um Balance. Wir brauchen Ausgeglichenheit in unseren Gefühlen. Was wir nicht anerkennen, können wir nicht ausgleichen, und unser Leben gerät "aus der Bahn". Wut z. B. ist ein Ventil für uns. Hier können wir angestaute Aggressionen loswerden und verhindern dabei, dass Krankheiten sich in unserem Körper bilden. Der menschliche Alltag besteht nun mal nicht nur aus Licht und Liebe. Hier kommen ganz andere Dinge zum Vorschein, und wir müssen lernen, damit umzugehen. Nicht, indem wir sie verleugnen und ablehnen, sondern indem wir sie annehmen und erkennen, dass sie gut und heilsam für uns sind. Wie sagte meine Oma schon immer: Ein Gewitter reinigt die Luft! Also: Lassen Sie es donnern und blitzen!

Oftmals fällt es uns als Erwachsenen jedoch schwer, in dieses Gefühl zu gehen. Unser Verstand hat in vielen Fällen herausgefunden, warum das so war, kann es aus Sicht eines Erwachsenen nachvollziehen und schüttelt verwundert den Kopf, wenn wir sagen, dass wir damals – bewusst oder unbewusst – Trauer oder Wut empfunden haben.

Manche unserer Kunden glauben, ihren Frieden dadurch gefunden zu haben, dass sie aufgrund ihrer Erfahrungen und ihres Wissens jetzt die Motivation desjenigen verstehen, der sie so verletzt hat. Das ist ja auch gut und richtig. Dieses Verstehen löst jedoch nicht den Nährboden für die nicht gelebte Emotion, die weiterhin darauf wartet, ausgelebt und angenommen zu werden. Mit "Ausleben" können viele nicht umgehen. Oder sie sehen keine Chance für ein Ausleben, da die Person nicht mehr greifbar ist. Energie geht im Universum aber nicht verloren, sie wird höchstens gewandelt. Wir können mithilfe unserer Mentalkräfte die Situation rückwirkend hochholen und unsere Emotionen herauslassen. Dann wird niemand geschädigt. Jedoch ist es wichtig, sie zu leben. Wenngleich wir es verhältnismäßig oft schaffen, jemandem zu vergeben, so ist es auch wichtig, uns selbst unsere vermeintliche Unzulänglichkeit zu vergeben. Denn wir haben höchstwahrscheinlich damals Schuld- und Schamgefühle entwickelt, die es in uns selbst noch zu heilen gilt. Wer den Beginn des Buches und unsere Texte über die Elementale gelesen hat, weiß, wie wichtig es ist, die in Umlauf gebrachte Energie zu heilen, damit sie nicht weiter einen Energieverlust für uns bedeutet.

Fallstrick 9

Liebe und Balance

Nehmen wir an, wir selbst sind immer der Sender und Empfänger für das, was wir denken, so kann es keinesfalls schaden, sich gedanklich mit Liebe und Balance/Harmonie zu beschäftigen. Es ist sicher sehr viel besser, als sich mit kräftezehrenden Dingen auseinanderzusetzen.

Alles geschieht nach dem Gesetz der Resonanz. Liebe ist die Energie der Schöpfung, die uns alle jederzeit umgibt. Ist jemand in Resonanz mit Liebe, so brauchen wir sie ihm nicht zu senden. Geht jemand mit anderen Energien in Resonanz, dann lebt er Liebe nicht. Wir können den anderen nur dabei unterstützen, seine Aufmerksamkeit zu verändern, um Liebe zu entdecken. Wir können auch für jemanden beten. Wir können unser Herz für ihn öffnen und ihm so das Gefühl von Liebe vermitteln.

Ulla hat sehr lange gebraucht, bis sie sich dicsem Thema widmen konnte. Immer, wenn sie die Überschrift las, stieg ein unangenehmes Gefühl in ihr hoch, das sie nicht näher beschreiben konnte. Einfach Ablehnung, totale Ablehnung. Ihr fiel ein, was sie ihren Seminarteilnehmern immer sagte: "Das, was euch am meisten ärgert, das ist der Punkt, an dem ihr arbeiten müsst." Na ja, das gilt dann ja wohl auch für sie selbst. Was ist dran an dieser viel erwähnten Liebe?

Ulla berichtet: Ich war sehr viel in Asien unterwegs. Ein Erleuchteter ist mir nie begegnet. Viele Jahre besuchte ich eine Pagode, geleitet von vietnamesischen Mönchen. Mehrmals im Jahr nahm ich an wunderschönen Feiern, Veranstaltungen und Ritualen teil. Ich meditierte sehr, sehr viel und hatte das Glück, mehrmals Samadhi-Erlebnisse zu genießen. Unbeschreiblich schön. Einen Erleuchteten habe ich auch dort nicht getroffen. Weder in der Pagode noch bei den Feierlichkeiten (manchmal kamen bis zu 50 Mönche aus aller Herrenländer) noch in meinen Meditationen.

Während meiner Zen-Ausbildung erzählte uns unser Zen-Meister eine Geschichte: Es gab einmal einen Mönch, von dem die Menschen, die ihn kannten, sagten: "Er ist erleuchtet." Er war sehr weise, er lebte ein glückliches, aber auch bescheidenes Leben. Er kannte sich selbst sehr gut, hatte er doch Jahre in Selbststudium und Meditation verbracht. Er hatte sich mit dem Tod ausgesöhnt und sprach immer wieder davon zu seinen Besuchern. Er sprach von Ruhe und Gelassenheit. Eines Tages wurde er krank, sehr krank. Die herbeigerufenen Ärzte waren ratlos, keine Kräuter, keine Medikamente konnten helfen. Seine Schmerzen wurden stärker und stärker, und als der Tod näher kam, hörte man ihn laut schreien. Bestürzt kamen seine Schüler zu ihm und sagten: "Meister, du hast uns immer gesagt, der Tod ist nichts Schlimmes. Du hast gesprochen von Ruhe und Gelassenheit. Heute schreist du vor Schmerzen!" Seine Antwort war: "Als ich damals davon sprach, wusste ich nicht, wie schlimm es sein wird und wie weh es tut ..."

Können wir uns nicht einfach mit dem zufrieden geben, was wir haben? Müssen wir Erleuchtung suchen? Müssen wir uns abheben? Selbst erleuchten?

Nun mal Butter bei die Fische: Lieben Sie sich selbst? Lieben Sie Ihre Falten, Ihre Rettungsringe, Ihre kurzen Beine, Ihre langen Beine? Wenn ja: herzlichen Glückwunsch! Sie haben es geschafft. Wenn Sie sich mit allem Drum und Dran lieben, mit all Ihren Fehlern, dann dürfen Sie mir gerne Liebe schicken.

Denn: Nur wer sich selbst liebt, kann Liebe geben.

Ich hatte sehr viele Jahre mit dieser Selbstliebe zu kämpfen. Oh, wir haben gefochten, uns duelliert, geschlagen und mit Messern nach uns geworfen. Wir haben uns beschimpft, gekratzt und gebissen. Solange, bis wir gemeinsam zusammengebrochen sind, meine Selbstliebe und ich. Wir waren beide zerstört.

Genau das war der Punkt, an dem wir gemeinsam neu aufbauen konnten. Nämlich uns gegenseitig. Jeder für sich und doch gemeinsam.

In der buddhistischen Psychologie wird gesagt, dass die Kinder sich ihre Eltern aussuchen. Dies geschieht, indem die Energie des Kindes die passende Elternenergie sucht. Kennt das Kind aus einem Vorleben Liebe, Zuneigung, Aufmerksamkeit usw., dann wird es von einer liebevollen, aufmerksamen Energie angezogen und die Eltern sind gefunden. Leider gilt das auch für Kinder, die keine Liebe erfahren haben, die Zuneigung und Aufmerksamkeit bisher nicht kennengelernt haben. Begegnen diese Kinder einer liebevollen Energie, ist das für sie fremd und sie setzen ihre Suche so lange fort, bis sie eine ablehnende, kalte Energie finden.

Mein Bruder war sechs Jahre älter als ich, und meine Mutter hatte sich nach seiner Geburt dafür entschieden, kein weiteres Kind mehr zu bekommen. Mein Vater wollte noch eine Tochter. So nahm mein Schicksal seinen Lauf. Als sie bemerkte, dass sie schwanger war, unternahm meine Mutter einiges, um diese Tatsache zu ändern. Alle Versuche schlugen fehl und so wurde ich an einem Freitag, den 13. geboren. Es war Januar und sehr dunkel, nicht einmal der Mond war am Himmel zu sehen. (Das erklärt, warum ich die Dunkelheit liebe.) Als ich zwölf Jahre alt war, hatten meine Eltern sich auseinandergelebt und der Scheidungskrieg begann. Mein Bruder, damals achtzehn Jahre alt, entschloss sich, dem Ganzen zu entgehen und zog aus. Für diese Lösung war ich zu jung. So wurde der gesamte Scheidungskrieg quasi in meinem Beisein geführt, und Streitereien erfolgten mit mir als Spielball. Es war ein sehr langer, steiniger Weg für mich, bis ich lernen durfte, dass ich geliebt werde. Vorher stand die Aufgabe: Liebe dich selbst!

Erst als ich die Eigenliebe gelernt hatte, als ich mich akzeptierte, so wie ich bin, und jede Veränderung (ob körperlich, seelisch oder geistig) als die Veränderung begrüßte, die ich mir gewünscht hatte, erst dann war ich fähig, meine Liebe weiterzugeben. Ich kann Ihnen versichern: Bis heute gibt es Situationen, in denen ich mich fühle, als würden riesige Wellen über meinem Kopf zusammenschlagen. Situationen erscheinen mir völlig aussichtslos, ich fühle mich verlassen und allein. Einfach einsam. Heute weiß ich, dass diese Momente notwendig sind für das Bewusstsein. Das Wichtigste, was wir in unserem Leben brauchen, ist die Balance. So brauchen wir Licht und Dunkel, laut und leise, schnell und langsam. Nur durch Fragen finden wir Antworten. Nur durch Verlust lernen wir zu schätzen, was wir haben.

Ein Leben, das diese ganze Bandbreite bereithält, ist ein prall gefülltes Leben. Es lohnt sich in jedem Moment, jeder Sekunde. Es lohnt sich, die Dunkelheit zu lieben genauso wie die Helligkeit. Ja, ich gebe Ihnen Recht: Es fühlt sich manchmal an wie eine Achterbahn. Was wir lernen ist: Nach dem Unten geht es wieder nach oben. Bevor wir unseren nächsten Gipfel erklimmen, müssen wir erst zurück ins Tal!

Wo viel Licht ist, ist auch viel Schatten. Jeder muss lernen, sich mit seinen Schattenanteilen auseinanderzusetzen und sich mit ihnen zu versöhnen. Sollten wir statt Licht und Liebe vielleicht sagen, dass wir jemandem Aufmerksamkeit widmen? Ihm das Gefühl geben, dass er nicht alleine ist? Wir können den Prozess in jemandem nicht beschleunigen, indem wir ihm Licht und Liebe senden – und es funktioniert schon gar nicht, wenn wir glauben, dass er dann hinterher unseren Erwartungen entsprechen könnte. Ich habe viele Geschichten von Schülern gehört, die jemanden im Grunde verändern wollten und dachten, wenn sie ihm viel Licht und Liebe senden, dann wird das schon. Ist jemand in Trauer, dann braucht er Geborgenheit, das Gefühl von Halt. Benennen wir manches vielleicht einfach falsch? Egal ob jemand in Trauer ist, ob es darum geht, dass er Erfahrungen macht oder diese verarbeitet, Wachstum und Entwicklung braucht Zeit. Mit Ungeduld und dem sinnbildlichen Brecheisen zu kämpfen bedeutet nur, dass wir gegen etwas ankämpfen und ihm damit die Energie geben, dass es stärker werden kann. Zeugen wir ein Kind, so kommt es nicht eher auf die Welt, nur weil wir auf den Embryo Reiki oder sonstige Energie gegeben haben. Kein Ritual der Welt vermag diese Wachstums- und Entwicklungsprozesse zu beschleunigen. Stattdessen braucht es Zeit, niedrig schwingende Energien zu erkennen und zu akzeptieren sowie zu schauen, wie man sie durch eine Veränderung seiner inneren Haltung und Einstellung dazu und einer damit veränderten Denkweise transformieren kann.

Liebe ist ein harmonischer Dialog, den wir zunächst mit uns selbst führen müssen. Erst wenn wir wissen, was Liebe ist, wenn wir uns selbst lieben, so wie wir sind, dann erst können wir Liebe geben. Solange wir aber Teile von uns ablehnen – wenn wir sagen: Meine Beine sind nicht lang genug, meine Ohren stehen ab, mein Bauch ist zu dick, ich muss diese Rettungsringe endlich verlieren –, so lange lehnen wir uns (zum Teil) ab. Zur Liebe gehört das Annehmen. Jemanden so annehmen, wie er ist. Mit all seinen kleinen und großen Unzulänglichkeiten, mit all seinen nicht perfekten Äußerlichkeiten, seinen Macken und Spinnereien. Liebe

heißt Freiheit, heißt: Sei so, wie du bist. Tu das, was du willst –
ich werde dich immer lieben, immer für dich da sein. Was wir im
Allgemeinen mit "Liebe" benennen, ist eigentlich ein Vertrag:
Gibst du mir, dann gebe ich dir. Nur wenn du mich nicht belügst,
dann liebe ich dich. Ich mache, was du willst, wenn du nur bei
mir bleibst. Das alles sind Aussagen aus einem Abkommen, das
mit Liebe nichts zu tun hat. Hier geht es um Manipulation, Bedingungen, Erwartungen. All das, was Liebe nicht kennt. Liebe
ist bedingungslos. Liebe fragt nicht und hinterfragt nicht. Liebe
neidet nicht. Liebe verletzt nicht. Wo Liebe ist, haben Hass, Wut
oder Eifersucht keinen Platz. Liebe vergibt alles. Denn sie weiß
um die Schwächen der Menschen, die gerade wegen ihrer Unzulänglichkeiten geliebt werden wollen. Denken Sie an jemanden,
den Sie lieben oder geliebt haben. Erinnern Sie sich an die ersten
Wochen mit ihm/ihr. Haben Sie nicht alles an dieser Person
geliebt? Wann hat es begonnen, dass Sie sich wünschten, er/sie
würde etwas an sich ändern? So läuft das normalerweise: Wir
lernen jemanden kennen, wir verlieben uns. Alles ist rosarot und
himmelblau. Nichts kann er oder sie tun, das wir kritisieren
würden. Und dann, eines Tages, wird alles anders. Wir wollen, dass
der Partner dies oder jenes ändert. Nicht mehr so lange mit seinen
Kumpels um die Häuser zieht, dass die Freundin kein Wellness-
Wochenende mehr mit ihrer Freundin macht. Dass generell mehr
mit uns abgesprochen wird, nicht so oft alleine entschieden wird.
Es ist ja nicht zu viel verlangt, wenn man(n) uns Bescheid sagt,
dass er später kommt. – Was wir aber wirklich wollen ist: Kontrolle.
Wir wollen wissen, wann unser(e) Partner(in) wo und mit wem ist.
Wir haben schließlich eine Partnerschaft, wir leben zusammen!
Liebe ist das nicht – denn: Liebe ist Freiheit. Zur Selbstliebe gehört
Selbstakzeptanz: Ich akzeptiere und liebe mich so, wie ich bin.
Mit allen Vor- und Nachteilen, mit allen Launen, Unzulänglich-
keiten, Fehlern oder was auch immer mich ausmacht. Ich höre

auf, über mich selbst zu urteilen oder mich zu verurteilen. Ich verzeihe mir selbst und erkenne: Alles ist, wie es sein soll. Und so wie es ist, ist es gut. Ich beginne zu akzeptieren und höre auf, verstehen zu wollen. Wo Gefühle und Emotionen ins Spiel kommen, geht es nicht mehr ums Verstehen. Solange ich mich nicht selbst akzeptiere, glaube ich auch nicht an mich. Wenn ich nicht an mich glaube, verhindere ich selbst meinen Erfolg. Ich stehe mir selbst im Weg. Jemanden zu lieben hat nichts zu tun mit Erwartungen, Kontrolle, Eifersucht, Neid oder Dominanz. Ich besitze den anderen nicht, vielmehr gebe ich dem anderen den Raum, den er braucht, um tun zu können, was er/sie gerne tut. Ich gebe ihm allen Raum und alle Zeit, um sich selbst entfalten zu können. Ich unterstütze ihn auf seinem Weg, auch wenn das nicht MEIN Weg ist. Auch dann, wenn es nicht zu meinem Vorteil führt oder ich selbst dadurch in den Hintergrund trete. Bedingungslose Liebe heißt: Ich tue alles für das Wohlergehen und den Erfolg einer anderen Person. Ich helfe und unterstütze mit allem, was mir möglich ist, den Erfolg des anderen. Ich selbst bin dabei unwichtig. Im Vordergrund stehe nicht ich, sondern der andere. Konkurrenz, Neid, besser oder schlechter – all das hat hier nichts zu suchen.

Wenn wir lernen, bedingungslos zu lieben, sind wir auf dem direktesten Weg zu persönlicher Transformation. Wenn wir uns selbst lieben, wenn wir bedingungslos Liebe geben, keine Erwartungen haben und die Kontrolle loslassen, dann sind wir in der Lage, Liebe zu "senden". Besser noch: Es geschieht dann automatisch. In dem Moment, in dem wir lernen, bedingungslos zu lieben, haben wir kein Interesse mehr an Konkurrenz, an Wettkampf, am Urteilen und Verurteilen. Das ist der Moment, in dem wir erkennen, dass jeder perfekt ist, genau so wie er ist. Er selbst hat Licht und Liebe. Ich brauche ihm nichts zu schicken. Ich kann ihn aber sehr gut unterstützen, sich selbst zu erkennen. Dazu muss ich kein Coach sein – Freund sein genügt.

Fallstrick 10
Ich muss die Welt retten

W ie im Innen, so im Außen. Wenn niemand von uns innere Konflikte erleben würde, gäbe es keine Konflikte im Außen, keine Kriege, keine Angriffe. Doch davon sind wir weit entfernt.

Erst kürzlich haben wir erlebt, wie eine Gruppe für den Weltfrieden betete. Ein zwischenmenschlicher Konflikt, der auf einem Missverständnis beruhte, ließ sich unter den beteiligten Personen jedoch nicht schlichten.

Wir wollen damit nicht zum Ausdruck bringen, dass man sich auf Biegen und Brechen mit jemandem verstehen muss. Aber man sollte auch keine Rachegelüste entwickeln und ihm -weil man sich verletzt fühlt - schaden wollen. In meinem speziellen Fall hatte ein Geschäftspartner das Gefühl, ich habe ihn hintergehen oder ihm schaden wollen, was nicht der Fall war. Ich wollte eine Situation zu unseren Gunsten nutzen, was mir anders ausgelegt wurde. Nun kann ich niemanden von meiner Meinung überzeugen, der nicht bereit ist, Verständnis für meine Sichtweise zu haben. Man muss aber auch nicht beleidigend werden. Natürlich kann man eine Geschäftsbeziehung lösen, wenn sie nicht mehr guttut, aber man sollte im Auge behalten, was der wahre Grund für die verletzten Gefühle ist. Passiert einem mit ein und derselben Person immer wieder ein Konflikt, lässt sich eine Trennung oft nicht vermeiden, wenn die Gegenseite nicht bereit ist, an sich oder der Situation zu arbeiten. Jeder der Beteiligten hat einen Anteil an der Geschichte, und es reicht nicht, wenn nur der eine Verständnis hat und der andere auf seiner Ansicht beharrt. Wer so starr ist und etwas, von dem beide bisher nur profitiert haben, beendet, wer keine Gelassenheit findet, sondern Rache übt oder das, was er selbst vorbetet, nicht lebt, der wird den Konflikt mit anderen Beteiligten erneut erleben. Es sind die inneren Konflikte in uns, die Kriege im Inneren verursachen und die wir im Außen nähren, nur mit unserer Energie, auch wenn die Kriege oft weit weg von unseren Ländern stattfinden.

Würde jeder ausnahmslos inneren Frieden und Gelassenheit vermehren, könnte Ruhe einkehren. Daher ist es viel sinnvoller, an den eigenen Energien zu arbeiten. Wir sind alle Menschen, wir sollten Mitgefühl mit uns selbst haben, wenn wir Gefühle und Emotionen wie Wut, Trauer, Zorn wahrnehmen. Wir sollten dann aber die Gelegenheit ergreifen, nach der wahren Ursache im Inneren für diese Gefühle, die sich in Emotionen ausdrücken, zu suchen. Es sind uralte Muster, meist unbewusst, die wir verdrängt oder abgespalten haben, damit wir den Schmerz als Ungeborenes oder als Kind nicht fühlen mussten, und die nach Heilung suchen. Es gibt so viele Möglichkeiten, die Ursachen zu finden und sie zu heilen, aber es gibt kaum eine Wunderheilung auf Knopfdruck, sondern meist sind es vielmehr Prozesse, Reisen, auf die man sich begibt, um sich selbst besser zu verstehen, kennenzulernen und vor allem lieben zu lernen. Eine Wunderheilung vollzieht sich in der Regel dann, wenn der geistige Entwicklungsprozess so weit vorangeschritten ist, dass es nur noch eine kurze Hilfe braucht, oder wenn die Seele weiß, dass der Betroffene aufgrund der Heilung neue Wege gehen wird. Wenn aber Erkenntnisse erfolgen sollen, dann wird es ein Weg und keine spontane Sache sein.

Wir können aus eigener Sache nur sagen, dass wir Phasen haben, in denen alles einfach und leicht zu sein scheint. Dann wieder erleben wir Jahre, an denen wir uns gestresst und ausgelaugt, missverstanden und ungeliebt fühlen. Aber genau diese Jahre zeigen uns, dass es Zeit ist, uns wieder mit uns selbst auseinanderzusetzen. Wir stellen uns die Fragen: Was macht es mit mir, wenn ich mich ungeliebt fühle? Bin ich wirklich ungeliebt? Woran mache ich fest, dass ich behaupte, ungeliebt zu sein? Warum stresse ich mich? Was will ich damit erreichen? Wovor habe ich Angst? Dass ich keine Grenzen setzen kann? Diese inneren erlebten Konflikte, die sich im Außen zeigen, erzeugen Stress, inneren Kampf und nähren den Teufelskreis des inneren Krieges mit sich selbst, sie nähren die Kriege im Außen. Wir brauchen uns nicht um andere zu kümmern, wir brauchen einfach nur selbst dafür zu beten, in Frieden mit uns und unseren Mitmenschen zu kommen. Das tun wir für uns und damit für andere. Damit leisten wir einen großen Beitrag zum Frieden – wo auch immer er gebraucht wird.

Genau das ist der Weg, der, wenn wir ihn alle beschreiten, die Welt retten kann. Je mehr Ulla sich der spirituellen Arbeit gewidmet hat, desto ruhiger wurde sie. Mir geht es in vielen Bereichen auch so. Wir haben keine Lust mehr, uns mit anderen zu messen. Ulla verlor nach und nach ihren inneren Druck, an den sie sich längst gewöhnt hatte und der ihr, so verwirrend das auch klingen mag, am Anfang ihrer Veränderung gefehlt hat. Sie begann, immer mehr, auf ihren Körper zu hören. Wenn sie müde war und keine Termine hatte, dann ruhte sie sich aus. Auch ich musste das lernen. Natürlich kam diese innere Stimme, die sagte: Das kannst du doch nicht machen! Du musst dich um neue Aufträge kümmern, neue Seminare schreiben. Du musst Werbung machen. Mehr im Internet posten. Die Webseite überarbeiten. Sei nicht so faul! Du musst, du musst, du musst! Aber uns wurde immer mehr bewusst: Wir MÜSSEN gar nichts!

Ulla wurde achtsamer und bemerkte dann, wann diese Zeiten der "Lustlosigkeit und Müdigkeit" auftraten. Es war nach anstrengenden Tagen. Zum Beispiel an Tagen, wenn sie im Ausland unterwegs gewesen war und zurück nach Hause kam. An Tagen, an denen sie sich großen Herausforderungen gestellt hatte, und an Tagen, an denen sie sich in Coachings mit Schicksalsschlägen auseinandergesetzt und mit ihren Kunden gemeinsam Lösungen erarbeitet hatte. Dann war sie müde. Bei mir waren es die Messen und Rutengeher-Aufträge. Danach brauchte ich extrem viel Ruhe.

Ulla stellte für sich auch fest, dass es noch eine zweite Situation gab, die ihr bewusst wurde. Stand sie vor großen Entscheidungen, manchmal kannte sie sie noch gar nicht, verlangte ihr Körper genauso nach Ruhe wie nach anstrengenden Tagen. Es war sozusagen die Ruhe vor dem Sturm. Die Zeit zum Kräftesammeln und Energieaufbauen. Dann war sie bereit, sich ein weiteres Mal aus ihrem Wohlfühlbereich herauszuwagen und neue Aufgaben in Angriff zu nehmen.

Wir stellen fest: Die Ruhe war immer ausschlaggebend für das Gelingen!

Mit dieser Erkenntnis wuchs unsere Fähigkeit, das Faulenzen zu genießen und das schlechte Gewissen abzulegen. Ab und zu kommt es noch vorbei, schaut nach, ob es uns noch gibt, versucht, die alten Muster wieder hervorzuholen – und zieht dann irgendwann, nach mehr oder weniger verrichteter Tat, wieder von dannen.

Die Versuchung gehört dazu. Sie stärkt unseren Willen. Je öfter wir auf die Probe gestellt werden, desto manifester wird unser neuer Weg. Desto mehr wächst unser Selbstvertrauen.

Beginnen Sie, Ihr Leben zu genießen. Es dauert nur eine begrenzte Zeit, und wie Sie diese Zeit verbringen, das liegt ganz allein an Ihnen. Wie Sie oben gelesen haben, sind die meisten von uns anders programmiert. Es gilt: Wer nichts leistet, der wird auch nichts ernten. Schon stehen wir unter Druck und beuten uns selbst aus. Ohne auf den gesundheitlichen Aspekt zu achten. Wir sind in unserem alten Muster und stellen uns in der Reihe der Bedürfnisse ganz weit hinten an. Alle werden Ihrem Beispiel folgen und sich nicht darum kümmern, welche Bedürfnisse SIE haben.

In dem Moment, in dem Sie dieses Spiel verstehen und es ändern, nämlich derart, dass Sie sich um sich selbst kümmern, Ihre Bedürfnisse nach vorne stellen, werden Ihre Familie, Freunde, Bekannte das Gleiche tun. Jetzt funktioniert der Kreislauf. Es geht immer um MICH! Ich muss erkennen und verändern, dann wird sich meine Umgebung genauso verändern. Das ist ein Naturgesetz. Wir haben im Einleitungsteil des Buches schon das Beispiel angeführt, in dem sich eine Dame dazu berufen fühlte, die Matrix der Welt zu ändern, auf das Weltgeschehen Einfluss zu nehmen.

Gegen eine liebevolle Ausrichtung für unsere Welt ist nichts zu sagen. Im Gegenteil. Aber wir erwähnten auch, dass sie ihr eigenes Leben als Kampf ansah. Sie hasste einen Großteil der Menschen, die sie umgaben. Das passt einfach nicht zusammen. Ich kann nicht die Welt und die anderen Menschen ändern, aber ich kann versuchen, meine Energie so zu erhöhen, dass ich auf diese Weise dafür sorge, dass die Welt ein besserer Ort ist. Dann rettet sich die Welt!

Viele setzen noch einen drauf. Letztlich kam in einem meiner Seminare das Thema "Kampf" hoch. Man müsse doch kämpfen, wenn man etwas will! Ich weiß, was damit ausgedrückt werden sollte, doch Kampf ist Krieg. Natürlich kennen wir den Alltag, man kämpft hier und da für seine Rechte. Die Lösung wäre jedoch, ganz einfach zu lernen, Grenzen zu setzen und beharrlich seinen Weg zu gehen! Rückgrat zu beweisen! Kämpfen ist Stress, und Stress lässt keine klaren Gedanken zu. Stress unterbindet geistiges Wachstum bei uns selbst. Wir müssen lernen, wie wir unsere Energie behalten und erhöhen können. Wir müssen lernen, Unterschiedlichkeit (Diversity) zu akzeptieren und dabei mit Respekt und Achtung miteinander umzugehen. Dann hört der Kampf auf und die Welt ist gerettet!

Ich muss mich schützen

Bei dem Thema Schutz scheiden sich grundsätzlich die Geister. Ich habe jahrelang mit Schutztechniken gearbeitet, das gebe ich zu. Ich wollte mich vor negativen Energien schützen, vor Energieverlust, meine Räume vor Fremdenergien, ... Die Liste ließe sich noch weiter fortsetzen.

In meinen Kursen werde ich immer wieder gefragt, wie ich meinen Energiekanal oder meine Anbindung schütze. Es haben schon zahlreiche Schüler meine Vorträge und Workshops verlassen, wenn ich antwortete, dass ich mich nicht schütze. Andere haben verständnislos den Kopf geschüttelt.

Immer wieder wird von negativen Energien und Fremdenergien berichtet.

Wir haben dazu folgende Auffassung: Es gibt Energien, die uns schwer vorkommen, irgendwie zäh. Es sind Energien, bei denen wir müde werden, Energien, die uns zu schwächen scheinen.

Es gibt zwei Gesetze, die uns helfen können, das zu verstehen. Das Spiegel- und das Resonanzgesetz zeigen uns, wie wir damit umzugehen haben. Wir können sie nur sinnvoll anwenden, wenn wir bereit sind, uneingeschränkt in die Selbstverantwortung zu gehen. Studieren wir diese Gesetze, so erfahren wir, dass alles, was uns schwächt oder uns Angst macht, einfach einen Teil von uns zeigt, den wir an uns (oft unbewusst) ablehnen und nicht sehen wollen. Einen Teil, den wir in uns tragen oder etwas, das es in uns zu entwickeln gilt. Es sind Hinweise für unseren Entwicklungsweg.

Im Alltag schützen wir uns mit Kleidung vor Kälte oder Regen. Wir stellen unser Auto in die Garage und schützen es vor Unwettern oder Diebstahl. Das macht auch einen Sinn, weil wir wissen, dass wir durchgefroren oder nass krank werden könnten oder viel Arbeit haben, wenn es Schäden am Auto zu melden oder zu beseitigen gibt. Trotzdem zeigen diese Beispiele ganz klar, dass wir es machen, weil wir (auch wenn das Wort jetzt für den einen oder anderen überzogen erscheinen mag) Angst haben.

Nähren wir diese Angst, kommen die Elementale wieder ins Spiel. Wir bekommen das, auf was sich unsere Aufmerksamkeit richtet.

Viele glauben, dass sie einfach nur ihren Schutzengel um Schutz bitten müssen und dann dauerhaft beschützt sind. Wir glauben, dass alle geistigen Wesen im Einklang mit unserem Seelenplan handeln, und wenn wir eine Erfahrung für unser Wachstum brauchen, werden wir diese machen. Wenn wir innerlich ruhiger werden, weil wir an die Wirksamkeit unserer Gebete glauben, hilft es uns, weil wir es denken. Der Engel wird jedoch auch eingreifen, wenn wir ihn nicht gebeten haben, wenn es wichtig für unser Wachstum und unseren Verbleib auf dieser Erde ist.

Alles, was wir gedanklich, bewusst oder unbewusst erschaffen, tritt in unser Leben. Wir haben im Schnitt am Tag 50.000 bis 80.000 Gedanken, dabei denken wir etwa 200 Mal am Tag negativ über uns. Also kommt auch "Negatives" in unser Leben.

Wir können uns dieser Verantwortung nicht entziehen. Umso gelassener wir werden, umso weniger "negative" Energie erschaffen wir. Wenn wir Angst haben (bedenken Sie, was wir bereits über die Elementale geschrieben haben), dann versuchen wir, uns zu schützen. Aber gemäß der Lehre der Elementale erschaffen wir genau so Situationen, vor denen wir uns fürchten. Genau diese nähren wir mit Energie, durch den Schutz.

Ulla sagt, für sie bestand noch nie das Bedürfnis "sich schützen zu müssen". Wovor? Positiv und negativ, gut und böse sind Bezeichnungen, sind eine Aneinanderreihung von Buchstaben, die wir Menschen erfunden haben, um Dinge einordnen zu können. Angst sehen wir gerne als negativ, aber: Angst ist ein hervorragendes Warnsystem. Sie sagt uns: "Halt, ab hier wird es gefährlich. Willst du weiter gehen? Du kannst auch umdrehen." Will ich mich denn vor dieser Angst schützen? Nein, ich will wachsen. Ich will mich selbst kennenlernen und mir meine Grenzen bewusst machen. Nur wer seine Grenzen kennt, kann sie überschreiten. Meine Angst taucht immer dann auf, wenn ich wieder einmal an eine dieser Grenzen stoße. Ich nehme meine Angst dann an die Hand und wir gehen gemeinsam. Wir durchbrechen diese Grenze gemeinsam. Meine Angst und ich (und glauben sie mir, ich hatte eine Menge Ängste, vor allem und vor jedem), wir sind ein tolles Team geworden. Wir ergänzen uns und wir zwinkern uns zu, wenn es mal wieder so weit ist und wir den "Sprung ins kalte Wasser" wagen.

Wir wollen nach außen hin perfekt dastehen, in einem Leben, in dem alles vermeintlich "glatt" läuft. Wir wollen ohne Reibungsverluste durchs Leben laufen. Doch geht das wirklich? Es geht dann, wenn wir Ziele haben, die Erfüllung anstreben, uns aber nicht von der Erfüllung abhängig machen. Achtung, das haben Sie schon einmal in vorgenannten Fallstricken gelesen: Eigenschaften wie Stolz, Angeberei, Verlangen, Gier, Angst, Kummer, Trauer, Hoffnungslosigkeit, Schuld und Scham bringen unsere

Aura oder unser Energiesystem in eine niedrige Schwingung. Dann fühlen wir Energieverlust. Das sind die Dinge, die mit anderen "negativen" Schwingungen in Resonanz gehen, und wir glauben, uns davor schützen zu müssen.

Wenn Sie den letzten Absatz genau lesen, werden Sie bemerken, dass die Worte Stolz, Angeberei, Verlangen, Gier, Angst, Kummer, Trauer, Hoffnungslosigkeit, Schuld und Scham uns selbst von anderen abgrenzen. Abgrenzung bedeutet immer: Wir schaffen einen Abstand zwischen uns und dem anderen. Wir sind nicht mehr eins. Eigenschaften wie Frieden, Stille, Freude, Liebe, Dankbarkeit, Verständnis, Akzeptanz, Neutralität und Mut heben unsere Energie an. Die Aura dehnt sich aus, wir haben einen natürlichen Puffer, den man auch als natürlichen Schutz bezeichnen kann. Wenn wir voller Freude sind, spüren wir keine negativen oder niedrigen Energien, oder wir sind sogar so gut drauf, dass wir dem anderen Mitgefühl und Akzeptanz für seine Situation zugestehen können.

Hier lesen Sie nun die Worte, die uns vereinen: Frieden, Stille, Freude, Liebe, Harmonie, Dankbarkeit, Verständnis, Akzeptanz, Neutralität und Mut. Das sind unsere natürlichen Bedürfnisse, die wir von Geburt an suchen.

Wer Energiearbeit macht und um gute Führung bittet, um einen reinen Kanal, der macht nichts falsch. Der erschafft keine Angstelementale, die zu ihm zurückkehren werden.

Machen Sie sich bewusst: Sobald ich mich vor etwas schützen muss, erschaffe ich schon das, was mich bedroht, was mir Angst macht.

Kann es sein, dass wir Bedrohung und Ängste brauchen? Wenn ja, wofür? Was passiert, wenn wir sie immer und immer wieder einfach nur wegschicken? Uns nicht um sie kümmern?

Was passiert, wenn ihr Kind etwas will und Sie schicken es einfach weg? Bei Ulla und ihrer Tochter war das so: Zunächst kam sie und fragte, ob sie ein Eis haben könne. Ulla verneinte und schickte sie weg. Sie kam wieder und sagte: "Ich muss aber unbedingt ein Eis haben. Mir ist soooo warm." Ulla verneinte und schickte sie weg. Nachdem sie das einige Male praktiziert hatten, wobei die Tochter immer energischer und lauter wurde, beschloss sie, zu ihrem Papa zu gehen. Um seine Ruhe zu haben, sagte er: "Klar." Er gab ihr Geld und sie holte sich ein Eis. Anschließend lief sie stolz an Ulla vorbei. Klappte es bei ihm aber auch nicht, dann waren ja noch Oma und Opa da. Einzeln bearbeitet, versteht sich.

Können Sie schon ahnen, was mit Ulla dann passierte? Ja, sie hatte Wut. War enttäuscht von ihrem Mann und ihrer Familie. Sie fühlte sich übergangen und absolut nicht beachtet.

Wir sehen, dass die Herausforderung, die uns Angst macht, immer wieder kommen wird. Von Mal zu Mal wird sie es schlauer anstellen, wird sie heftiger auftreten.

Was hier wirklich von uns verlangt wird ist: Grenzen setzen! Ein Nein ist ein Nein. Es wird auch nicht zum Ja, wenn Umwege genommen werden. Für viele Menschen ist es schwer, sich abzugrenzen und/oder nein zu sagen. Vor allem dann, wenn das Nein nicht gleich verstanden wird und wir nachfragen müssen: "Welchen Teil von 'nein' hast du nicht verstanden?"

Wir wollen niemandem wehtun, niemanden verletzen. Wir wissen, wie Schmerz und Enttäuschung sich anfühlen. Jedes Mal, wenn wir Grenzen setzen müssen, fühlen wir diesen Schmerz im Unterbewusstsein wieder und wollen ihn vermeiden. Doch seien Sie versichert: Irgendwann werden Sie Irgendjemandem irgendwie wehtun. Das lässt sich nicht vermeiden. Sie haben 100 Prozent Verantwortung für IHR Leben; Sie selbst sind verantwortlich dafür, dass es Ihnen gut geht.

Immer wieder einmal sind Sie im Leben als Lehrer gefragt. Ob Ihnen das bewusst ist oder nicht. Das sind die Momente, in denen

Sie Grenzen setzen und nein sagen. Dann ist es aber auch eine Tatsache (wie im Beispiel mit Ullas Tochter), dass der andere genau das lernen musste. Nämlich: die Grenzen anderer zu respektieren.

Respekt und Achtung für den Weg, den andere gehen müssen, und für den Weg, den sie für sich gewählt haben, sind Grundbedingungen für unsere menschliche Existenz.

Fallstrick 12

Hier die Guten, da die Bösen

Wir Menschen wollen verstehen, wollen einteilen. Wir brauchen Regeln, Kategorien, Begrifflichkeiten. Deshalb haben wir unter anderem die Kategorie "Gut" und die Kategorie "Böse" erschaffen. Es gibt weder das eine noch das andere. Es gibt nur "anders". Genauso verhält es sich mit "Richtig" und "Falsch". Auch hier gibt es beides nicht, es gibt wieder nur ein "anders". Unser Gehirn braucht eine Einteilung, es muss kategorisieren.

Wenn wir hier sagen, es gibt nur "anders", dann meinen wir damit, dass sich die Darstellung unterscheidet. Ein Beispiel dafür ist: Zwei Leute gehen gemeinsam durch einen kleinen Ort. Der eine ist Architekt, der andere ist Gärtner. Nach diesem Spaziergang wird der Architekt erzählen, welche schönen Häuser er gesehen hat und der Gärtner wird von Blumen und Bäumen schwärmen. Beide haben recht.

Das, was uns interessiert, ist das, worauf wir unsere Aufmerksamkeit richten.

Anders bedeutet auch, dass es hier einen Unterschied gibt, ob ein Mann oder eine Frau involviert ist. Männer sind Systemisierer – sie brauchen einen Plan, ein System, Regeln und Vorschriften. Veränderungen mögen sie nicht. Kommt eine Veränderung, dann sind die bisherigen Regeln aufgehoben, das bekannte System besteht nicht mehr. Das macht Männern Angst. Frauen sind Empathisierer – sie suchen die Beziehung zu anderen, lieben Gespräche und können sich sehr gut an Veränderungen anpassen. Sie richten sich nach den aktuellen Gegebenheiten.

Da Männer weniger Empathie haben als Frauen, neigen sie eher dazu, gewalttätig zu werden. Um jemandem auf die Mütze zu hauen, müssen wir nicht wissen, wer er ist. Frauen dagegen gehen mehr in die indirekte Aggression, wie zum Beispiel Gehässigkeit, Beleidigungen usw. Wollen wir jemanden beleidigen, müssen wir wissen, was ihn/sie beleidigt. Das heißt, wir müssen die Person kennen beziehungsweise eine Beziehung zu ihr haben.

Männer sind direkter – sie greifen zur Waffe. Frauen bevorzugen die indirekte Vorgehensweise – sie greifen zum Gift, auch im übertragenen Sinne. Wenn wir dann noch wissen, dass Männer Gewalt nur als halb so schlimm einschätzen wie Frauen, dann verstehen wir immer mehr, warum es kein "Böse" und "Gut" gibt.

Aufgrund der unterschiedlichen Einstellungen und Sichtweisen kommt es immer wieder zu folgendem Szenario: Eine Frau sagt: "Es ist genug." Er macht aber weiter, da es für ihn, aus seiner männlichen Sicht, nicht "viel" bzw. "genug" ist.

Wieder sehen wir: Kein Böse – kein Gut. Anders!

Ein weiterer ausschlaggebender Faktor ist die Umgebung, in der wir aufwachsen. Immer mehr Kinder werden in Ghettos groß. In Hochhäusern, wo Unpersönlichkeit, Einsamkeit, Ablehnung, Alkohol, Drogen und Gewalt herrschen.

Wissenschaftler haben festgestellt, dass bei einigen dieser Kinder das Gehirnareal für die Emotionen nur wenig oder gar nicht ausgeprägt ist. Diese Kinder kennen keine Empathie. Sie kennen Gewalt.

Unser Gehirn ist in zwei Hälften, die linke und die rechte Gehirnhälfte eingeteilt. Der Wille liegt im linken Hirn. Die Vorstellung, die Bilder dazu, liegen im rechten Hirn. Gibt es nun in gewissen Arealen keine neuronalen Verknüpfungen, dann ist der Wille da, kann aber nicht umgesetzt werden, weil die entsprechenden Bilder dazu fehlen. Als Beispiel: Wächst ein Kind in einer Umgebung von Alkohol und Gewalt auf, dann hat es keine Bilder, keine Verknüpfungen zu Begriffen wie Freude, Mitgefühl und Zärtlichkeit. Nur wenn die rechte Gehirnhälfte Bilder zu den Begriffen wie Zärtlichkeit oder Mitgefühl hat, kann der Mensch es umsetzen. Nur der Wille allein genügt nicht. Das sollten wir uns immer vor Augen halten, wenn wir mit der heutigen, gewalttätigen, brutalen, empathielosen Jugend in Berührung kommen. Diese Kinder oder Jugendlichen brauchen Lebensfreude, Anerkennung, Belohnung. Sie brauchen Hilfe, um neue neuronale Verknüpfungen zu schaffen.

Diese Andersartigkeit, von der wir hier sprechen, macht den meisten Menschen Angst. Wir sehen sie als gefährlich oder gar bedrohlich an. Ein aktuelles Beispiel sind die zur Zeit immens hohen Flüchtlingsströme nach Europa. Die Flüchtlinge zahlen sehr viel Geld, verlassen mit wenig bis nichts ihre Heimat in der Hoffnung auf ein besseres Leben. Auch sie haben Angst vor dem, was sie erwartet.

Wir wäre es für Sie, wenn Sie heute eine Tasche packen und nach Afrika auswandern müssten? In ein Land, wo Sie niemanden kennen, dessen Sprache Sie nicht sprechen und dessen Kultur Ihnen fremd ist. Was muss passiert sein, damit eine schwangere Frau dieses hohe Risiko eingeht und sich auf ein Abenteuer einlässt, bei dem Sie mit einem Boot, nicht viel größer als eine Nussschale, mit hunderten ihr fremden Menschen in ein absolut fremdes Land fährt. Ob sie es erreicht ist eine sehr begründete

Frage. Viele erreichen ihr Ziel nicht. Sie ertrinken im Ozean. Die Hoffnung ist jäh zu Ende. Andere, die mehr Glück haben, erleben diese Dramen hautnah mit und kommen dann hier an, wo sie empfangen werden von Ratlosigkeit, Verurteilung und Ablehnung.

Hören wir doch endlich auf, voreinander Angst zu haben, und lassen wir uns nicht mehr von Lügen abschrecken. Ulla ist sehr viel gereist, sie ist in den einsamsten Ecken von Afrika und Thailand gewesen. Eines hat sie dort immer gefunden: Gastfreundschaft! Sie kann sich gut an einen Urlaub erinnern, bei dem sie abends noch spazieren gegangen ist. Sie hatte nicht damit gerechnet, dass es so schnell dunkel werden würde, und hatte sich zu allem Übermaß auch noch verlaufen. Eines war ihr klar: Hier sprach niemand Englisch. Plötzlich kam ein Mann mit wedelnden Armen auf sie zugelaufen und deutete ihr, mit ihm zu kommen. Sie dachte zunächst, es wäre ein Tuk-Tuk-Fahrer und er wolle sie in ihren Bungalow zurückbringen. Aber er lief in eine Seitenstraße zu einem Haus, öffnete die Tür und ließ sie eintreten. Eine Frau, wohl seine Frau, kam und sah sie genauso erstaunt an wie umgekehrt. Der Mann sagte ein paar Sätze zu ihr und sie lächelte, bat sie ins Zimmer und servierte das Abendessen.

Ist es nicht wunderschön, unter Fremden ein Stück Heimat zu finden? Das ist gelebte Spiritualität. Spiritualität schließt nicht aus; sie eint und lässt Gemeinsamkeit entstehen.

Bevor man urteilt, sollte man sich auch das Prinzip von Yin und Yang bewusst machen. Alles in unserem Dasein strebt nach Ausgleich, nach Balance. Wir könnten das eine nicht von dem anderen unterscheiden, wenn es diese Dualität nicht gäbe. Sie ist für uns wichtig, für unsere Entwicklung.

Wir sollten aber noch eines nicht vergessen. Schnell können wir selbst "böse" sein. Nehmen wir an, ein stadtbekannter Schläger wird immer wieder auffällig, weil er andere Personen angreift. Wir finden das nicht o.k., Sie müssen das auch nicht in Ordnung finden. Wir sollten jedoch akzeptieren, dass wir selbst diese Anteile in uns tragen. Würde so ein Mensch auf Ihr kleines Kind einschlagen und es wäre keine Hilfe für Sie in Sicht, bestünde durchaus die Möglichkeit, dass Sie zum Angriff übergehen und versuchen, ihn ruhigzustellen oder zu vertreiben. Nun mag man gerne damit argumentieren, dass dies ja Notwehr ist und das andere Provokation. Ja, das mag durchaus so sein. Mithilfe der spirituellen Betrachtung ist der Angriff des Schlägers auch ein Überlebensprogramm, das er gelernt und angenommen hat, um vor sich selbst und anderen bestehen zu können.

Hier kommen zwei Aspekte zum Tragen. Das eine ist unser Gerechtigkeitssinn, und wir würden auch die Füße in die Hand nehmen und rennen, wenn der stadtbekannte Kerl auf uns zu kommt, um Leib und Leben zu schützen. Wir würden auch verantwortungsbewusst handeln, wenn es um die Verteidigung unseres Kindes geht. Die Spiritualität soll uns aber lehren, dass wir verstehen sollen, was und warum es um uns herum geschieht. Wir sollen zum Meister über unseren Geist und unser Leben werden. Wir betonen hier noch einmal: "Das sind Lebensaufgaben!" Das sind unsere Lebensherausforderungen! Immer wieder aufs Neue, für jeden von uns.

Fallstrick 13

Ich bin hier falsch

Viele, die sich in esoterischen Kreisen bewegen, hegen die Auffassung, hier auf der Erde falsch zu sein. Sie fühlen sich hier nicht heimisch. Sie fühlen sich dagegen im Umgang mit feinstofflichen Energien sehr wohl, sofern die Energie ihrer eigenen zu entsprechen scheint. Sie meditieren, sie verbinden sich mit anderen Dimensionen und lieben es, Realitätsflucht im großen Stil zu betreiben.

Oft steckt dahinter eine ganz große Angst, tiefe Traumen. Doch durch die Flucht in andere Dimensionen, die immer öfter erfolgt, stellen sie sich nicht den Ängsten, erden sich nicht und lernen nicht, die Erde als ihre Heimat anzuerkennen – mit allem, was ist. Sie glauben, ihre Inkarnation hier sei ein Fehler oder dass sie zum letzten Mal hier sind, wenn sie ganz brav, ruhig und lieb sind. Und da sie so sensibel sind, sind sie scheinbar einfach zu gut für diese Welt.

Auch hier ist ein ganz großer Fallstrick verborgen. Denn es geht meist darum, ihr Wissen und ihre Sensibilität in den Griff zu bekommen- oder besser gesagt sie zum Wohle der Menschen zu nutzen. Oft haben diese Menschen visionäre Gaben, aber nicht die Kraft für die Umsetzung hier auf der Erde. Oft haben sie die herausragende Begabung, Menschen anzuziehen, die Hilfe benötigen, können sich aber nicht abgrenzen und leiden unter ihrer Feinfühligkeit. Dann geht es jedoch darum, genau das zu lernen. Sich selbst so zu lieben und zu akzeptieren und zu wissen, dass es im Universum keine Fehler gibt. Dass es nur unser Ego ist, dass uns vorgaukelt, versehentlich hier zu sein. Diese Menschen wollen gerne gesehen und geliebt werden, kommen aber mit ihrer Feinfühligkeit schwer zurecht und ziehen sich daher lieber zurück. Es beginnt ein Teufelskreis, der sie unter Umständen depressiv macht und wütend auf ihr Umfeld. Doch genau diese Wut ist es, die Erdung erzielen kann und zur Heilung beiträgt, wenn man sich mit ihr auseinandersetzt, statt sich geistig weiter in andere Sphären zu flüchten.

Sicher mag es dort schön und friedlich sein. Die Menschen, die dieses Gefühl kennen und wissen, wie es ist, haben die Chance, hier auf der Erde Räume der Heilung zu schaffen – und zwar nicht nur für die, die genauso schwingen wie sie selbst, sondern für alle. Das muss nicht unbedingt ein esoterischer (Heil-)Beruf sein. Diese Fähigkeiten sind in allen Branchen wichtig, doch meist scheuen diese Menschen sich davor, weil ihnen die Welt da draußen so hart vorkommt.

Und hat sie der spirituelle Stolz erfasst, glauben sie – egal wo sie arbeiten –, zu gut für diese Welt zu sein. Dass sie aber lernen müssen und dass es sogar ihre Lebensaufgabe ist, genau in dieser Welt zurechtzukommen, möchten sie nicht hören. Sie haben viele Argumente parat, um dies zu widerlegen. Und so versagen sie sich Freude und Gelassenheit sowie die Möglichkeit, ihr Potenzial zu erden. Wenn diese Menschen nicht bereit sind, auch ihre Schwächen beziehungsweise die daraus resultierenden Lernaufgaben zu sehen und zu akzeptieren, können sie auch nicht lernen, andere zu akzeptieren. Getreu dem Motto: "Wie im Innen, so im Außen!" Es würde ihnen helfen, nicht so viel Negativität zu erleben und dadurch auch Energie zu verlieren.

Wir haben eine Kundin, die von ihrem Therapeuten bestätigt bekam, dass sie zu intelligent für ihre Eltern war aufgrund der vielen Inkarnationen und deshalb die Probleme erlebte, in denen sie sich bewegte, ohne einen Ausweg daraus zu finden. Da stellt sich die Frage, warum sie trotz aller Intelligenz genau in diese Familie inkarnierte. Schnell ist das Ego mit dieser Begründung zufrieden, und wir versäumen es, unsere Aufgabe zu sehen, die Chance zum Wachstum, die uns das Problem bietet. Die Aufgabe ist nicht, den Eltern eine gewisse Dummheit zuzuweisen, sondern weise mit den Fähigkeiten und eigenen Talenten umzugehen.

Wir sind der Auffassung, dass wir einen Masterplan haben, dessen Inhalt wir vor der Geburt festlegen. Wenn wir noch Energie sind – ohne Körper. Dieser Plan beinhaltet unser Lebensziel, ein Plan der festlegt, was wir erleben und erreichen wollen. Alle Fähigkeiten dazu bringen wir bei der Geburt mit. Doch dann kommt uns etwas dazwischen! Wir werden in dem Bewusstseinszustand, den wir als kleines Kind haben, im realen Leben von so vielem – u. a. den Eltern, Lehrern und Mitmenschen – beeinflusst, dass wir unser Ziel aus den Augen verlieren. Wir können es auf einmal nicht mehr benennen. Und dadurch leben wir unsere Fähigkeiten nicht. Wir stecken fest in Erwartungen und versuchen, diese zu erfüllen. Unsere Seele weiß genau, was in uns steckt, und zeigt uns immer wieder im Außen, wo unsere Herausforderungen liegen. Sie erkrankt, wenn wir die Aufgabe nicht annehmen und unsere Fähigkeiten nicht leben, wenn wir unser Licht unter einen Scheffel stellen.

Haben Sie den Mut und stellen Sie sich der Realität. Sie sind auf diese Erde gekommen, weil Sie hier gebraucht werden. Sie haben hier eine Aufgabe. Wenn das nicht so wäre, dann wären Sie woanders geboren worden oder würden auf einem anderen Planeten existieren.

Nehmen Sie die Herausforderung an, denn nur SIE können sie meistern. Gönnen Sie sich das Gefühl des Stolzes, des Glücks und der Freude, wenn Sie es geschafft haben. Machen Sie sich bewusst: Sie sind genau zur richtigen Zeit am richtigen Ort. In unserer etwas verrückten Welt werden feinfühlige Menschen gebraucht. Leben Sie hier in dieser Existenz Ihre Gabe in vollem Bewusstsein. Nutzen Sie Ihre Talente und helfen Sie anderen, die diese Fähigkeiten nicht oder nur in sehr geringem Maße haben.

Flüchten Sie sich mit all Ihren Möglichkeiten in andere Dimensionen, bereichern Sie andere Sphären mit Ihrem Wissen und Können. Dann ist das Ziel, das Sie hier auf der Erde haben, verfehlt. Ihre Energie verpufft ungenutzt, und Sie selbst stehen Ihrem irdischen Wachstum im Wege. Sie blockieren sich selbst.

Manchmal erscheint es uns angesichts des aktuellen Weltgeschehens schier unmöglich, hier noch eine Änderung zu vollziehen. Doch: Wenn wir alle zusammen für dieses Ziel arbeiten, unsere Kräfte gemeinsam einsetzen, dann werden wir eine Veränderung, eine Transformation bewirken. Wir sind uns ganz sicher.

Aufgrund unserer Erfahrungen, die wir während unserer langjährigen Arbeit schon machen durften, wurde uns schon oft und wird uns immer wieder bestätigt: Was im Kleinen geschaffen wurde, schlägt Kreise wie der Stein, der auf die ruhige Wasseroberfläche trifft. Nicht ein Tropfen kann sich dieser Bewegung entziehen. Ob bewusst oder unbewusst, das ist egal. Hauptsache: Veränderung geschieht.

Warten Sie nicht und suchen Sie nicht das Paradies. Sie leben bereits dort. Dieser wunderschöne Planet Erde ist das Paradies.

Können oder wollen wir es nicht sehen? Können oder wollen wir unsere Mutter Erde nicht erhalten?

Wir geben nicht auf. Wir werden weiter arbeiten und unsere Fähigkeiten hier nutzen. Wir werden nicht flüchten (obwohl wir es zugegebenermaßen hier und da schon gerne wollten), sondern wir werden uns der Herausforderung stellen. Bis jetzt haben wir immer nur etwas Neues dazulernen dürfen. Während dieses Lernprozesses wurde uns unser Weg immer klarer.

Obwohl wir verschiedene Ansätze haben, haben wir gelernt, uns zu arrangieren und gemeinsam ein und dasselbe Ziel zu verfolgen. Ja, wir haben verschiedene Meinungen und diskutieren manchmal sehr kontrovers. Dann dauert es schon mal länger, bis wir eine Lösung finden, die uns beiden zusagt. Klappt das nicht sofort, dann schlafen wir eine Nacht (oder auch zwei, drei) drüber und arbeiten mit einer Traumanfrage. Danach besprechen wir uns wieder. Das Ende vom Lied: Wir erkennen den Weg, den wir in Zuversicht gemeinsam gehen werden.

Flucht in höhere Dimensionen

A uch das ist ein Thema, das viele Menschen beschäftigt. Es wird berichtet, dass die Erde in die nächste Dimension aufsteigt, und wie wichtig es sei, sich dafür vorzubereiten. Es ist unerheblich, in welcher Dimension sich die Erde befindet. Viele Menschen reisen in Meditationen in andere Dimensionen, dabei können sie die ersten vier Dimensionen schon nicht benennen. Ab der fünften Dimension scheinen es für uns geistige Dimensionen zu sein. Es stellt sich aber die Frage, welchen Sinn es macht, in höhere Dimensionen zu reisen. Nun, es wird uns berichtet, wie toll und friedlich und liebevoll dort alles ist. In Ordnung, wenn dies die Erkenntnis ist, ist das schon eine schöne Sache. Es stellt sich doch nur die Frage, warum es Sinn macht, dorthin zu reisen? Damit wir uns erinnern, was unsere Aufgabe hier auf der Erde ist? Hier im Frieden und in der Freude zu leben? Warum tun wir es nicht, warum reisen wir dafür in andere Dimensionen. Sehr oft erleben wir, dass diese Menschen viele, viele Ängste haben, und leider werden diese zwar möglicherweise während der Meditation in diesen friedvollen Sphären nicht wahrgenommen, was grundsätzlich ja positiv ist, jedoch sind der Kummer und die Trauer nach der Rückkehr in das irdische Leben dann oft noch schwerwiegender. Und so beginnt ein Teufelskreis, der verhindert, dass im HIER UND JETZT die eigenen Stärken und Begabungen entdeckt, ausgeweitet und zum Wohle aller eingesetzt werden. Dieser Aufenthalt in anderen Sphären ist nichts anderes als eine Flucht vor der Verantwortung für das eigene Leben. Ähnlich wie beim Drogenkonsum.

Wir wissen, dass die Umwandlungsprozesse nicht immer leicht sind. Wir müssen uns von unseren alten Mustern und Verhaltensweisen, an die wir uns so sehr gewöhnt haben und die uns scheinbar guttun, verabschieden. Wir müssen Neues lernen. Vor allen Dingen: Konsequenz ist gefragt. Wie bei unseren Kindern, die erzogen werden und Grenzen gezeigt bekommen wollen. Konsequenz heißt: Bei der Aussage bleiben und sich selbst danach verhalten. Immer. Auch wenn es unbequem ist. Fallen wir zurück, dann erleben wir, wie z. B. beim Abnehmen, einen Jo-Jo-Effekt. Wir gehen dahin zurück, von wo aus wir gestartet sind; dann allerdings mit etwas mehr Sturheit, mit noch schwierigeren Problemen und Herausforderungen.

Wir haben gelernt: Wenn etwas dran ist, dann müssen wir es lernen. So oder so. Wir selbst entscheiden, ob wir die einfache oder die schwierige Variante wählen.

Wenn in anderen Sphären Ruhe und Friede vorherrschen, warum dann nicht auch hier im Jetzt? Wenn Sie in Frankfurt wohnen und dort Ihre Wohnung putzen müssen, macht es nur wenig Sinn, nach München, New York oder Tokio zu reisen, um dort eine saubere Wohnung zu hinterlassen. Der Schmutz ist immer noch da, wenn wir zurückkommen und, ohne dass wir es gewollt hätten, ist mehr geworden. Je öfter wir zurückkommen aus dieser so friedlichen, wunderschönen Dimension, desto häufiger wollen wir hin. Unser Chaos hier auf Erden, in unserer Stadt/Gemeinde, unserer Straßen, unserer Wohnung hinter uns lassen. Aber besteht nicht gerade darin unsere Aufgabe: Im HIER und JETZT Ordnung zu schaffen, glücklich zu sein? Gerne werden Penner, die am Straßenrand sitzen, als Schmarotzer verurteilt. Haben denn nicht auch sie einfach eine Entscheidung für ihr Leben getroffen? Einen Ausstieg aus was auch immer. Sei es Familie, Beruf, das soziale Umfeld.

Wir hören schon die Zwischenrufe: Das könne man ja gar nicht vergleichen! Das Leben eines Obdachlosen mit dem Besuch höherer Sphären! – Doch. Selber flüchtet man in andere Dimensionen, kommt dann zurück und fühlt sich erhaben über all die armseligen Durchschnittsmenschen, die tagtäglich ihrem Job nachgehen und diese sphärischen Verbindungen nicht haben. Ach, die Armen! Ich kann ja nichts dafür, dass ICH auserwählt wurde, dass ICH in Dimensionen gleiten kann, von deren Existenz andere überhaupt nichts ahnen.

Und wieder heben wir uns ab, erhöhen uns, verurteilen.

Wir fragen uns, warum viele dieser Menschen immer und immer wieder die gleichen Workshops besuchen? Sie können "es" (was auch immer "es" ist) doch schon längst und zwar, fragt man sie, in Perfektion. Was suchen sie dann noch? Könnte es sein, dass diese tiefe Sehnsucht trotz Dimension 8 und 15 und 35 noch immer nicht gestillt wurde?

Oder gibt es hier den Wunsch der Wiederholung? Der Abhängigkeit (und wieder sind wir bei der Droge)? Denn letztendlich fließt hier eine ansehnliche Summe. Immer und immer wieder.

Die Aufgabe eines Lehrers, von der Grundschule, über das Gymnasium und die Universität bis hin zum spirituellen Lehrer, sehe ich darin, den Schüler zu lehren, was ich bisher lernen durfte. Ihm Hilfe und Unterstützung zu sein, wann immer er auf die Nase fällt. Ihm neue Lektionen und Aufgaben zu geben und ihn schließlich in ein Leben zu entlassen, das er selbstverantwortlich und bewusst lebt. Indem er Risiken eingeht, Entscheidungen trifft und für die Konsequenzen einsteht. Wir geben gerne die Verantwortung für unser Leben ab. Dann sind immer die anderen schuld, nicht wir selbst. Verantwortung ist die Bereitschaft, sich selbst als die grundlegende Quelle der Ergebnisse und Umstände, die einem im Leben begegnen, zu sehen, sowohl individuell als auch kollektiv, z. B. am Arbeitsplatz. Ein weiterer Punkt ist die Verantwortlichkeit: Die Bereitschaft, alle Ergebnisse, die aufgrund des eigenen Mitwirkens entstehen, als die eigenen zu sehen, sowohl individuell als auch mit anderen, z. B. am Arbeitsplatz. Das heißt: Ich übernehme für alles in meinem Leben die Verantwortung oder ich übernehme für mein Leben 100 Prozent Verantwortung.

Übernehmen Sie diese Verantwortung! Ehrlich gesagt: Sie haben sie sowieso. Ob Sie wollen oder nicht. Denn alles "Schuld auf andere schieben" wird in letzter Instanz nicht funktionieren. Übernehmen Sie aber Verantwortung für Ihr Leben, und zwar zu 100 Prozent, dann, ja, wir geben es zu, gibt es niemanden mehr, dem Sie die Schuld geben können, aber: Sie werden es selbst schaffen und Ihnen wird immer bewusster, dass Sie ALLES schaffen können. Das ist ein wesentlicher Teil des Weges zu einem glücklichen und erfüllten Leben.

Fallstrick 15
Gefühle mit dem Verstand deckeln

"Du musst stark sein!" "Ein Indianer weint nicht!" "Du wirst doch wohl nicht aufgeben?" "Jetzt reiß dich doch zusammen!" Sätze wie diese kennen wir alle. Seit unserer frühesten Kindheit haben wir sie gehört, und seitdem prägen sie unser Verhalten und somit unser Leben.

Gleichzeitig sagen diese Sätze alle: Lass deine Gefühle bei dir. Die gehen keinen etwas an! Keiner muss wissen, dass dir gerade zum Heulen zumute ist. Sei stark, auch wenn du dich nicht so fühlst!

Es sind "Anleitungen zum Normalsein". Emotionen zeigen ist so gar nicht normal. Stellen Sie sich vor, Sie laufen in einem Einkaufszentrum herum, schauen sich die Schaufenster an und plötzlich sehen Sie etwas, dass eine Erinnerung hochholt. Eine lustige Erinnerung. Eine sehr lustige Erinnerung. Sie können nicht anders und fangen laut an zu lachen.

Sehen Sie jetzt auch die abschätzigen Blicke, mit denen Sie gemustert werden? Fühlen Sie diesen Moment, in dem Ihnen bewusst wird: 'Wenn ich jetzt nicht ganz schnell handle, dann kommen sie mit der Zwangsjacke!'? Und schon haben Sie sich wieder im Griff. Sie schütteln über sich selbst den Kopf: Was war denn das? Laut lachen in der Öffentlichkeit! Und dazu auch noch alleine! Das geht ja gar nicht.

Von einem auf den anderen Moment sind Sie wieder mittendrin in der Maschinerie. Nichts sagendes Gesicht, keine Regung zeigen. Wo kämen wir denn hin, wenn jeder seine Gefühle zeigen oder gar noch leben würde?

Wenn mich ein Fremder ansprechen würde und mich fragen würde: "Sie sehen so traurig aus, kann ich Ihnen helfen?" Nicht auszudenken! Mir kämen eventuell noch die Tränen ...

Ja, wir müssen immer stark sein. Keine Schwäche, keine Tränen zeigen. Emotionen gehören nach innen, nicht nach außen. Am liebsten würden wir diese negativen Gefühle wie Trauer und Einsamkeit einfach abstellen, so dass sie überhaupt nicht mehr da sind.

Aber sie sind da! Sie bitten um Beachtung! Je mehr wir sie verleugnen, desto mehr verleugnen wir einen Teil von uns selbst. Je mehr wir Teile von uns verleugnen, desto mehr lehnen wir uns selbst ab! Wie können andere uns annehmen, beachten, schätzen und gar lieben, wenn wir uns selbst ablehnen? Wenn wir zeigen: Ich bin es nicht wert, beachtet zu werden. Ich bin es nicht wert, geliebt zu werden.

Stehen Sie zu Ihren Gefühlen! Seien Sie ein Vorbild für andere Menschen. Zeigen Sie, wie einfach der Umgang mit Gefühlen ist. Ja, ich bin traurig – und ja, ich weine. Vertrauen Sie Ihrer Intuition: Sie wissen genau, was in diesem Moment gebraucht wird. Sie können entscheiden, ob Sie mich in den Arm nehmen, ob Sie mir einen Rat geben oder ob Sie mir einfach nur zuhören. Keine Angst, Sie entscheiden immer richtig!

Mittlerweile geht die Wissenschaft davon aus, dass wir so etwas wie ein "zweites Gehirn" haben, das in der Magengegend sitzt, genauer gesagt im Solarplexus (Sonnengeflecht). Als ich das zum ersten Mal las, kam mir sofort der Satz "Aus dem Bauch heraus entscheiden" in den Sinn. Ich erinnerte mich auch an dieses komische Gefühl in der Magengegend, das ich fühle, wann immer ich von einer Entscheidung nicht hundertprozentig überzeugt bin bzw. eine Entscheidung treffe, die nicht in meinem Sinne ist. Unser Gehirn konzentriert sich auf analytische, nachvollziehbare, wissenschaftlich belegte Lösungen. Nicht so unser Bauchgefühl. Hier entscheidet das Gefühl, die Emotion. Ganz schwierig wird es dann, wenn wir entgegen der allgemeingültigen Regeln entscheiden. Dann müssen wir uns Sätze anhören wie: "Das kannst Du doch nicht machen!" "So geht das aber nicht!" Und so weiter … Offensichtlich entscheiden wir in einem solchen Fall gegen jede Vernunft. Wer aber sagt mir denn, was vernünftig ist? Vor allen Dingen: vernünftig für mich!

Mit meiner Entscheidung muss niemand konform gehen; sie muss für mich passend sein und sich gut und stimmig anfühlen. Dabei gehe ich natürlich auch das Risiko ein, einen Fehler zu machen. Angreifbar zu sein, wenn es danebengeht. Hier kommen wir wieder zum Thema "Verantwortung". Stehe ich voll verantwortlich hinter meiner Entscheidung, wird mich nichts davon abhalten. Übernehme ich nicht 100 Prozent Verantwortung, so bin ich für den Rest, für den ich keine Verantwortung übernehme, angreifbar. Hier gebe ich die Verantwortung an andere ab, die mich dann kritisieren werden. Jetzt beginnt wieder das Opferspiel! Vorsicht! Lassen Sie sich nicht in die Irre führen. Stehen Sie zu dem, was und wie Sie entscheiden.

Ich möchte Ihnen folgende Aussage nahebringen: Alle sagten immer, das gehe nicht. Bis einer kam, der das nicht wusste. Er hat es einfach gemacht.

Übernehmen Sie Verantwortung für Ihre Gefühle. Obwohl wir Gefühle nicht greifen können, sind sie real. Nutzen Sie sie und leben Sie ein emotionales Leben. Vergessen Sie nicht: Glück ist eine Emotion!

Im Grunde genommen geht es gar nicht um IHRE Entscheidung, sondern vielmehr darum, dass Sie Ihre Mitmenschen mit deren Entscheidungsfreudigkeit bzw. deren Angst vor Entscheidungen konfrontieren.

Ulla kämpfte schon in relativ jungen Jahren mit grauen Haaren. Sie begann mit dem Färben. Je älter sie wurde, desto nerviger wurde das Färben für sie. Hinzu kam, dass ihr immer mehr bewusst wurde, wie viel Chemie sie sich damit antat. Immer wieder einmal trat ein heftiges Jucken der Kopfhaut auf, sie bekam Rötungen bis hin zu Entzündungen. Seit Jahren kämpfte sie mit der Entscheidung, das Färben einzustellen und ihre Haare ganz einfach grau zu lassen. Sie war sich sehr unsicher. Sollte sie oder sollte sie nicht?! Sie fragte ihre Freundinnen, die einhellig sagten: "Nein, das macht doch viel zu alt." "Stimmt", sagte sich Ulla und ging zum Friseur zum Färben. Vor mehr als einem Jahr kam der Tag, an dem sie ihre Entscheidung traf. Sie wollte einfach nicht mehr färben und war sich auch sehr sicher. Wieder erzählte sie ihren Freundinnen davon. Die eine war begeistert und sagte: "Ja, mach mal. Ich bin schon gespannt." Die andere sagte: "Ahhh ja." In diesem Augenblick wurde Ulla absolut bewusst, dass diese Freundin mit ihrem eigenen Problem kämpfte, und das hatte nichts mit Ulla zu tun.

Eine Woche später waren die Haare von Ulla ab, es kam keine Farbe mehr auf ihren Kopf. Alle waren begeistert, und sie hörte Sätze wie: "Das sieht ja toll aus." "Das ist aber auch eine schöne Farbe. Hast du das so färben lassen?" "Warum hast du das nicht schon früher gemacht?" Vom ersten Moment an hat sich Ulla mit ihren "neuen Haaren" wohlgefühlt. Dieses Gefühl hält bis heute an.

Entscheiden auch Sie sich dafür, sich wohlzufühlen! Entscheiden Sie sich auch dafür, sich Zeit für Ihre Gefühle zu nehmen. Sie kommen erst, wenn Sie Ruhe haben. Sie wollen gehört und beachtet werden. Tun wir es nicht, zwickt es hier und da, aber wer käme schon auf die Idee, dass es ignorierte Gefühle sind, die sich da melden? Wir erleben beide oft Kunden, die voller Trauer sind. Manchmal ist es auch Wut. Wenn wir die Themen ansprechen, hören wir Sätze wie: "Ich habe schon so viel geweint, ich will nicht mehr weinen!" Alles braucht seine Zeit. Gefühle, die unterbunden wurden, suchen sich ihren Weg im Körper. Manche Klienten rennen unaufhörlich durch den Tag und haben angeblich keine Ruhe. Das ist schon klar, denn die Rennerei verhindert, bei sich das anzuschauen, was es unbedingt zu heilen gilt, was aber mit aller Gewalt gedeckelt wird, weil es unangenehm ist.

Wir analysieren dann, dass es o.k. ist, dass eine Person gestorben ist oder ein Partner uns verlassen hat. Wir verstehen es auf der intellektuellen Ebene, aber wir haben unsere Gefühle dazu meist nicht ausreichend geheilt. Wenn wir anfangen, Gefühle zu unterdrücken, dann ist es, als würden wir langsam einen Teil in uns ersticken, bis er stirbt. Wir fühlen uns plötzlich nicht mehr lebendig und haben keine Chance mehr, unser wirkliches Potenzial zu leben.

Einen Mensch als Meister verehren (und ihm folgen)

Wir geben es zu. Es fühlt sich gut an, von Schülern und Kunden ein positives Feedback zu bekommen, empfohlen zu werden, gemocht zu werden. Es ist ein Gefühl, das man kaum beschreiben kann. Das Gefühl des Angekommenseins, man fühlt sich geliebt und erfolgreich. In unserem menschlichen Dasein streben wir danach.

Wenn es jemand geschafft hat oder vorgibt, es geschafft zu haben, werden ihm viele folgen wollen. Doch unser Streben nach dem, was andere haben, kann schnell zum Fallstrick werden. Die eigenen Qualitäten werden übersehen und die eigenen Begabungen nicht individuell gefördert. Man fragt den Meister, den Guru, den Heiligen, der scheinbar die Frage nach unserer persönlichen Lebensaufgabe beantworten kann, der uns Erleuchtung verspricht, wobei viele nicht wissen, was diese Erleuchtung wirklich ausmacht. Hinterher glauben wir, frei von allen Sorgen und Belastungen zu sein.

Wir beide sind der Auffassung, dass wir eher frei von Sorgen und Belastungen werden können, wenn wir unsere individuellen Begabungen und Möglichkeiten, mit unserer Seele in Kontakt zu treten, nutzen. Methoden, die so alt und einfach sind, dass heute keiner mehr deren Wert kennt und sie eher belächelt.

Natürlich sind Hilfsmittel und Heilmittel erlaubt und zuträglich, egal in welcher Form oder Art. Sie sollen Wohlbefinden bringen und Freude machen. Und so verschieden jeder Organismus von uns ist, so individuell werden diese Hilfsmittel sein. So muss das, was Ulla guttut, für mich noch lange nicht angenehm sein. So ist es mit Seminaren, mit Selbsthilfetechniken, mit allem im Leben.

Viele Menschen verehren einen Lehrer und machen sich von ihm abhängig. Das kann langfristig nicht zum Erfolg führen, denn es geht darum, mittels Techniken oder vermitteltem Wissen in die eigene Kraft zu kommen. Dies geschieht niemals durch Abhängigkeit. Abhängigkeit zeigt die Angst, Dinge alleine durchzuführen, auf eigene Antworten zu vertrauen. Hätte es nicht viel mehr mit Erleuchtung zu tun, wenn wir verstehen würden, warum wir diese Eltern oder diese Geschwister haben? Welche Wachstumschancen wir erhalten durch die Konflikte? Natürlich darf ein Lehrer Geld verdienen, wie jeder andere Dienstleister auch, wenn er seine Erfahrungen weitergibt. Doch manchmal opfern Schüler ihren Meistern oder Gurus sogar ihr Vermögen, wenden sich von der Familie ab und werden zum Opfer eines scheinbar Mächtigen.

Besonders Frauen sind betroffen, wenn es für einige Gurus darum geht, ihren Machthunger zu stillen. Dabei ist das Wort Guru im Ursprung nicht negativ. Es bezeichnet vielmehr einen spirituellen Lehrer oder nur einen Lehrer mit viel Wissen und Erfahrung. Doch im Laufe der Zeit gab es wohl viele "Gurus", die machthungrig wurden und Anhänger um sich scharten. "Gurus", die keinesfalls die Absicht hegten, diese Menschen in die wahre Spiritualität zu führen, sondern vielmehr das eigene Ego auf Kosten ihrer Anhänger stärken wollten.

Wir Frauen wollen verstanden werden; wir wollen verführt werden und wir wollen Verschmelzung erleben. Genau hier schlägt der "Guru" zu, denn Frauen suchen Verführung und er wird sie unterwerfen, sie suchen Einfühlungsvermögen und man(n) beraubt sie ihrer Freiheit.

Viele "Gurus" sind begnadete Seelenverführer und finden bei Frauen ein Publikum, das schon lange auf den Erretter gewartet hat. Auf den Mann, der ihre seelischen Schätze entdeckt und bei dem sie diese Schätze auch leben können. Ein Mann, der sie anerkennt in all ihrem Sein und ihnen ein neues Lebensgefühl gibt. Jetzt endlich wird ihr Sein legitim und findet dank ihm den Ort, an dem es glücklich sein darf.

Was Frau dabei nicht bewusst wird, ist, dass sie hier nur wieder einmal mit männlicher Kontrollsucht konfrontiert wird. Der "Guru" bietet sich als verständnisvoller Gesprächspartner an. Er ist prädestiniert für diesen Job, hat er doch schon etliche Jenseitserfahrungen selbst überstanden. Es ist paradox, dass Frauen sich nach einem "richtigen Mann" sehnen und dann einem "Frauenversteher" folgen. Für Frauen ist unsere Welt, unsere Kultur männlich geprägt. Für weibliche Sinnsuche und Verschmelzung ist kein Raum vorhanden. Frauen lieben aber auch die Veränderung; sie wollen Grenzerfahrungen machen, sie sind neugierig und suchen die Herausforderung. Genau hier packt der Guru zu: Es ist nichts anderes als die Gier nach Macht. Was bei den anderen Männern die Macht des Körperlichen ist, ist bei ihm die Macht über die Frauenseele. Mit der Psyche zu spielen ist für ihn interessanter und bei weitem befriedigender als das körperliche Spiel. Die Macht über die Seele kann aber nur dann gelingen, wenn die Seele (die Frau) sich freiwillig ausliefert. Wenn sie weiß, dass sie Schmerzen haben wird, dass sie psychisch gequält werden wird und sie sich ihm trotzdem (oder gerade deswegen?) ausliefert.

Sie zweifeln? Dann beobachten Sie in den nächsten Wochen einmal, wie viele der Führer/Gurus, die Ihnen begegnen, männlich oder weiblich sind. Dann machen Sie eine Strichliste mit zwei Rubriken: a) männliche Anhänger und b) weibliche Anhänger. Selbst die Veränderung, die mit diesen männlichen Führern geschieht, scheint nicht aufzufallen. Sie passen sich äußerlich sehr oft an das Weibliche an. Sie werden weicher in ihren Konturen, tragen lange Haare – und sogar die Stimme verändert sich und wird weicher, leiser und langsamer. Gleich einem Priester, der es genießt, Macht über die Seelen zu haben. Ein Softi mit straffer Agenda – ein Meister der Verkleidung.

Wir betonen es hier noch einmal: Es ist wichtig, selbst an Bewusstheit zu gewinnen und so seine Macht über sein Leben zurückzugewinnen. Dazu ist es nicht wichtig, etwas Bestimmtes zu tun oder zu sein. Es ist wichtig, einfach hier zu sein und leben zu wollen. Es ist wichtig, zu lernen, sich selbst Fragen zu stellen und sich selbst gegenüber offen zu sein und klar in sich selbst zu werden. Das bedeutet, frei und unabhängig zu werden und zu sein. Es erlaubt jedem, einfach zu sein und dadurch zu wirken, egal wobei!

Channeln

Channeling bedeutet übersetzt so viel wie "Kanal sein". Glauben Sie aber nicht alles, nur weil es gechannelt ist. Manche vertrauen diesen Durchsagen blind, doch meist sind sie sehr allgemein gehalten. Sie beinhalten zwar spirituelles Wissen, in verschiedenen Ausführungen dargelegt, aber die Durchgaben sind immer nur so gut, wie wir uns dafür öffnen können. Wir beide haben schon zahlreiche Channelings erlebt, auch selbst erfahren, nicht immer auf Knopfdruck. Vielleicht kommt es irgendwann, vielleicht nicht. Eines können wir jedoch mit Sicherheit sagen: Channelings sind immer hilfreich, sie machen nie Angst, sie prophezeien nie irgendwelche Katastrophen. Sie sind immer nur so gut wie wir. Eine hohe Energie, zu der wir keine Resonanz haben, kann uns nicht erreichen. Sie wird heruntertransformiert durch unser Energiefeld, bis sie für uns selbst - mit all unseren Ängsten und Sorgen - stimmig ist. Daher spiegeln viele Channelings den Durchgebenden.

Es ist wichtig, selbst abzuwägen, ob mir das Channeling nützt, mich in meinem Bewusstsein voranbringt, es in mir Freude auslöst oder ob sich ein Anteil eingeschlichen hat, dem es um Macht, Ruhm und Anerkennung geht. Das sind dann die Anteile des Mediums, die die Schwingung oder Durchgabe verfälschen können, weil es gerade da einen Anteil in sich zu klären hat. Betrachtet man die universellen Gesetze, übernimmt man die Verantwortung dafür, wenn man eine falsche Botschaft durch ein Medium erhalten hat, weil klar wird, dass wir mit diesem Medium in Resonanz gegangen sind und gemeinsame Themen haben.

Generell ist Channeln nicht irgendwelchen Auserwählten vorbehalten. Jeder kann es, wenn er sich darauf einlässt. Wie gut er wird, zeigt sich durch regelmäßiges Üben und Einlassen. Legen Sie Zeiten der Ruhe ein, der inneren Einkehr. Meditieren Sie oder gehen Sie in einen Tagtraum. Je ruhiger und stiller wir werden, desto bewusster werden wir. Je bewusster wir werden, desto aufmerksamer werden wir. Irgendwann werden Sie beim Meditieren oder beim Tagträumen diese kleine, leise, innere Stimme hören, die zu Ihnen spricht. Hören Sie genau zu. Es ist die Stimme der Weisheit, die zu Ihnen spricht.

Jeder von uns hat die Gabe des Hellhörens, Hellsehens und Hellfühlens. Seit unserer Geburt sind wir mit all diesen Fähigkeiten ausgestattet. Denken Sie nur daran, was mit Ihrem Baby passiert, wenn Sie planen, am Abend auszugehen. Niemand spricht davon, und trotzdem wird das Kind bis zum Abend krank. Ja, es bekommt oft sogar Fieber. Es weint, will nicht alleine sein und hängt wie angeklebt am Rockzipfel der Mutter. Das ist Hellfühlen!

Sie kommen zu einem Paar, das Sie eingeladen hat, spüren eine angespannte Stimmung zwischen den beiden. Sie wissen in dem Moment: "Hier hat es Streit gegeben, hier herrscht dicke Luft."

Sie fahren mit Ihrem Auto eine Ihnen sehr bekannte Strecke und haben plötzlich das Gefühl, Sie sollten besser abfahren und den Umweg in Kauf nehmen. Oft verwerfen wir diese Ahnung und – stehen kurze Zeit später im Stau! Das ist Hellsehen.

Seit sich Ulla intensiv mit der Traumarbeit beschäftigt, wacht sie morgens oft mit einem Wort auf, das jemand zu ihr sagt. Sie hört es laut und deutlich. Meist kündigt sich ein Ereignis an, das sie an diesem Tag oder kurze Zeit später erleben wird. Durch dieses Wort wird ihr die Gelegenheit gegeben, früh darauf zu reagieren beziehungsweise sich auf eine Veränderung einzustellen. Das ist Hellhören!

Merken Sie, wie einfach das ist? Dass Sie diese Situationen kennen, nur bisher nicht unter dem Aspekt des Besonderen gesehen haben? Klar hatten Sie schon mal das Gefühl oder den Gedanken: 'Gleich klingelt das Telefon und mein Vater ruft an.' Und tatsächlich: Nach ein paar Sekunden klingelt es und ihr Vater sagt: "Ich wollte mal hören, wie es dir geht."

Da wir diese Dinge nicht als das wahrnehmen, was sie sind, nämlich Besonderheiten, lassen wir diese Talente verkümmern. Manchmal nur, weil wir uns nicht trauen zu sagen: "Das habe ich vorausgesehen." Wir haben Angst vor der Reaktion: "Ja, klar hast du das vorausgesehen." Wir fürchten uns vor der Blamage.

Warum haben wir solche Hemmungen, zu unserem besonderen Sein zu stehen?

Fallstrick 18

Das arme Ich

Ich würde ja, wenn ich könnte ...

Ich hatte nie eine Chance ...

Wenn ich andere Eltern gehabt hätte ...

Ich muss mich ja um alles kümmern ...

Und viele ähnliche Sätze hören wir vom "armen Ich".

Jeder hat mal die Nase voll, jeder kann schnell an den Rand des für ihn Machbaren stoßen, jeder kann von heute auf morgen durch Trauer in sich zusammenbrechen. Niemand ist davor gefeit. Trotz all unseres theoretischen Wissens über Energien, Energiearbeit und die geistigen Gesetze sind wir vor allem eines: Wir sind Menschen mit Gefühlen und Emotionen.

Das arme Ich hat in der Kindheit jedoch erfahren, dass es durch Jammern, Verletzlichkeit, Weinen oder was auch immer Aufmerksamkeit erfährt. Manchmal ist es jedoch so, dass diese Menschen nicht bereit sind, sich weiterzuentwickeln und an sich zu arbeiten, weil der Widerstand und das Festhalten an der gewohnten Einstellung verhindert, wirkliches Wachstum zu erfahren. Sie streben nur so weit Lösungen an, wie sie in ihrer vertrauten Energie bleiben können und nicht an die tiefen Beweggründe und Blockaden vordringen. Sie fühlen sich als Opfer und erfahren auch immer wieder, dass sie das Opfer sind. Sie bringen leider dann oft nicht mehr den Mut auf, aus der Opferrolle auszusteigen, und erwarten bei jedem Versuch, dass es ohnehin misslingen wird.

Egal ob wir auch hier auf die Erklärungen der "Elementale" aus einem früheren Kapitel zurückgreifen oder uns der Gehirnforschung bedienen, die sagt, dass unser Verstand danach sucht, dass Gefühle bestätigt werden, es wird eine Herausforderung, den Teufelskreis des armen Ichs zu überwinden, wenn kein eiserner Wille dazu da ist.

"Die fürchterlichen Geschehnisse vom 9. September 2001 in New York, Washington D.C. und der Umgebung von Pennsylvania trafen nicht nur die amerikanische Bevölkerung sehr tief. Wie kaum ein anderes Ereignis in den letzten Jahren haben sie unser Leben beeinflusst. In vielen von uns lösten sie Besorgnis um unsere Sicherheit und Freiheit aus, die wir bis dato als selbstverständlich nahmen.

Mit dem Versuch, sich an diese Ereignisse anzupassen, hat für viele Menschen das Leben eine neue Wertigkeit erhalten. Wir haben uns tiefgründige Fragen darüber gestellt, was für uns wichtig ist. Aber am meisten beschäftigt uns die Frage, wie wir weiterleben können, ohne in einem ständigen Zustand der Angst zu sein; besonders auf einer unbewussten Ebene.

Das Erste, was wir realisieren und zugeben müssen, ist, dass wir Angst haben – um uns selbst, unsere Familie und um andere Mitglieder der Gesellschaft. Angst ist die andere, die verborgene Seite von Ärger und Wut. Wenn unsere Existenz sich auf eine umfassende Sicherheit fokussiert, leben wir in einem Zustand der

Angst. Der grundlegende Schritt muss an der Quelle unserer Angst ansetzen; dieses Vorgehen setzt voraus, dass die Quelle einfach zu erkennen und zu erreichen ist.

Wenn die Quelle unserer Angst etwas wie Terrorismus ist, so ist es in der Regel nicht bekannt, wo, wie oder wann solch ein Akt der Gewalt stattfinden wird. Dieses Stadium des Nichtwissens erschafft eine größere Besorgnis und Anspannung innerhalb und zwischen jedem von uns. Manchmal ist die Vorausahnung schlimmer als das Ereignis selbst.

Haben Sie sich jemals einen Horrorfilm angesehen? Was wir üblicherweise am meisten fürchten, ist das, was passieren könnte."

(Aus: Leben ohne Angst, Dr. William Guillory)

Wir sehen, dass Angst in unserem Leben eine große Rolle spielt. Am meisten die Angst vor dem Unbekannten. Die Medien verstehen es hervorragend, uns immer wieder mit unseren Ängsten zu konfrontieren. Horrornachrichten aus aller Welt sind uns bekannt, wir hören sie täglich. Interessant ist die Frage: Kann unser Unterbewusstsein unterscheiden zwischen Realität und Fiktion, zwischen echter Bedrohung und Film? Werden alle Bilder, die wir sehen, in unserem Unterbewusstsein gleich verarbeitet? Natürlich weiß unser Bewusstsein, dass das ein Film ist oder Fernsehnachrichten. Also keine direkte Bedrohung für mich. Aber was ist mit dem Unterbewusstsein? Aus der Forschung wissen wir, dass das Unterbewusstsein nicht unterscheiden kann zwischen Traum und Wirklichkeit.

Das Bewusstsein weiß, dass ich im Bett bin und schlafe. Am nächsten Morgen weiß es, dass ich geträumt habe. Das Unterbewusstsein jedoch verarbeitet die Träume gleich einer Realität. Was, wenn es mit Filmen usw. das Gleiche macht?

Sogar unser Körper reagiert im Einklang mit dem Unterbewusstsein. Vor ein paar Monaten musste sich Ulla einer Operation unterziehen. Die Ursache ihrer Schmerzen war nicht gleich erkannt worden, und so gingen eine Nacht und ein Tag ins Land, bis die notwendige Operation durchgeführt wurde. Das war eng. Nachdem sie wieder zu Hause war, sprach sie mit ihrem Arzt, der ihr sagte: "Schonen Sie sich. Sie haben zwar alles gut überstanden, machen Sie sich aber bewusst: Für Ihren Körper war dieser medizinische Eingriff das Gleiche, als ob ein Gangster Ihnen ein Messer in den Bauch gerammt hat. So etwas ist immer mit einem Schock und mit Angst verbunden. Angst ums Überleben – auch wenn Sie eine Narkose bekommen haben und nichts gespürt haben. Der Körper reagiert wie bei einem Angriff!"

Es würde erklären, warum wir in ständiger Angst leben und warum Angst immer und immer wieder benutzt wird, um Menschen zu lenken. Unser armes Ich ist ständig auf der Hut. Zu oft schon hat es Schmerz, Ablehnung und Trauer empfunden und versucht, diesen (negativen) Gefühlen zu entkommen.

Wieder greift das Gesetz der Resonanz: Je mehr wir versuchen zu entkommen, je mehr wir uns vor Schmerz, Ablehnung und Trauer abschirmen, desto stärker ziehen wir diese Dinge in unseren Alltag. Denn auch ein "Nein" oder "Kein" kennt unser Unterbewusstsein nicht. Denken wir immer wieder an die Dinge, die wir vermeiden wollen, so wird das Unterbewusstsein alles tun, um sie uns zu bringen.

Was können Sie tun?

Gehen Sie raus aus der Opferrolle. Auch wenn wir wissen, wie wohl wir uns als Opfer fühlen. Denn immer wenn wir leiden, dann kümmert man sich um uns. Wir werden getröstet, erhalten Zuspruch. Vielleicht bringt man uns auch kleine Geschenke, damit es uns bald besser geht. Auf jeden Fall sind wir wichtig und werden bemerkt.

Eines unserer gesetzten Ziele ist es aber, mit den Emotionen Ablehnung, Trauer und Schmerz umgehen zu lernen. Nicht indem wir uns zurückziehen in unser Schneckenhaus und auf Hilfe warten, sondern indem wir uns der Herausforderung stellen und so lernen, was wir alles können.

Es geht nicht darum, in die Opferrolle zu gehen – es geht darum, den wahren Opfern zu helfen. Ihnen zur Seite zu stehen, sie aufzumuntern und in ihrem Lebenswillen zu bestärken.

Egal wo und wann die Menschheit Naturkatastrophen ausgesetzt ist oder war, es entsteht plötzlich ein Zusammenhalt, Hilfsbereitschaft wächst. Denken Sie nur an all die Helfer, die sich nach dem Tsunami auf den Weg z. B. nach Thailand gemacht haben, um vor Ort die Menschen zu unterstützen. Plötzlich gibt es keine Sprachbarrieren mehr. Es gibt kein Arm und Reich mehr. Es gibt nur noch ein ALL-EINS-SEIN. Dann ist keine Zeit mehr für das "arme Ich". Jetzt vollbringen wir Höchstleistungen. Wir erkennen unsere Stärke.

Warum klappt das nicht im "normalen" Leben? Können oder wollen wir nicht?

Diese Veränderung nennt Ulla "kulturelle Transformation". Hier finden Neid und Konkurrenzkampf keinen Nährboden mehr. Denn jetzt geht es darum, füreinander da zu sein.

152

Warten auf Besserung

Im Grunde ist das Warten auf Besserung keine schlechte Idee. Alles geht vorbei, das ist in der Tat so. Aber auch das Leben! Man sagt doch immer so schön: Auf dem Sterbebett bereut man selten das, was man getan hat, eher das, was man unversucht gelassen hat.

Sich dem Leben hinzugeben ist etwas anderes, als das Leben zu ertragen. Diese Last sieht man den Menschen an. Einige haben Tränensäcke unter den Augen, hängende Schultern oder hochgezogene Schultern vor lauter Angst, manche laufen gebeugt und man sieht, dass sie unter ihrer emotionalen Last fast zusammenbrechen.

Es geht nicht darum, hektisch zu handeln, auch nicht darum, mit Gewalt eine Richtungsänderung herbeizuführen. Es geht darum, sich die Situation genau anzuschauen und den Mehrgewinn darin zu sehen. Was habe ich durch eine Erfahrung über mich gelernt, sollte hierbei die Frage sein. Dann in Ruhe alles auf sich wirken lassen und überlegen, wie man seine Einstellung zu der

Sache oder Situation verändern kann um – wir greifen wieder auf die bildliche Darstellung der Elementale zu – neue Elementale zu erschaffen und die alten, die uns immer wieder Schmerz bereiten, auszuhungern.

Wir erläutern es etwas näher: In einem fernen Land lebte ein sehr, sehr gläubiger Mann. Er ging zur Kirche, betete und hatte sein Glück im Glauben gefunden. Eines Tages kam ein Unwetter und es regnete sehr heftig. Tagelang hörte der Regen nicht auf. Zuerst versanken die Bürgersteige im Wasser, dann drang das Wasser zu den Haustüren herein. Und es regnete immer weiter. Als der Pegel weiter und weiter stieg, flüchtete der Mann in den ersten Stock seines Hauses. Er betete zu Gott und bat um Hilfe. Es regnete weiter. Immer mehr Wassermassen drangen in die Häuser. Er flüchtete in den zweiten Stock und als es noch schlimmer wurde, flüchtete er aufs Dach. Immer wieder betete er zu Gott und bat um Gnade und Hilfe. Er saß auf seinem Dach und betete, als ein Ruderboot kam. Die Menschen im Boot riefen: "Komm ins Boot! Wir retten dich!" "Nein, danke", sagte der Mann. "Ich vertraue auf meinen Gott, er wird mich retten." Am nächsten Tag, er saß noch immer auf dem Dach und der Regen prasselte herunter, kam ein Motorboot. Wieder riefen die Menschen im Boot: "Spring ins Boot, wir retten dich!" Er lehnte ab. "Nein, danke. Ich bete weiter zu Gott, er wird mich retten." Am dritten Tag flog ein Hubschrauber über das Dach. Ein Mann schaute heraus und warf ihm ein Seil zu: "Nimm das Seil, ich ziehe dich herauf." "Nein, danke. Ich bete zu meinem Gott. Er wird es richten, er wird mich retten." Schließlich, nachdem es weitere vier Tage geregnet hatte, versank er in den Fluten und starb.

Er wurde in den Himmel geholt, und dort stand er nun vor seinem Gott. Er war sehr traurig und sprach: "Gott, ich habe immer an dich geglaubt. Ich habe gebetet und dich gebeten, mir zu helfen. Aber du hast nichts getan. Jetzt bin ich gestorben." Da sagte Gott: "Ich habe dir zuerst ein Ruderboot geschickt, du wolltest aber nicht einsteigen. Da schickte ich dir ein Motorboot, auch da wolltest du nicht einsteigen, und als ich dir am Ende sogar einen Hubschrauber schickte, hast du auch da Hilfe abgelehnt."

Die geistige Welt, Gott, die Engel oder wie auch immer wir sie nennen, werden uns immer helfen. Sie werden uns Wege zeigen. Aber: Gehen müssen wir selbst.

Es ist, als ob sie einem Hungernden eine Schüssel mit dem köstlichsten Essen hinstellen. Wenn er nicht zum Löffel greift und beginnt zu essen, wird er verhungern.

Wir sind in diesem Leben, um unsere Kräfte, unsere Talente und Fähigkeiten kennenzulernen und sie zu nutzen. Dafür brauchen wir immer wieder neue Aufgaben und Herausforderungen. Stecken wir dann fest, dann zeigt uns die geistige Welt einen der vielen möglichen Wege. Wir wählen aus und müssen dann einen Fuß vor den anderen setzen. WIR müssen gehen.

Was uns unsicher macht, sind unsere Angst und unsere Erinnerungen aus vergangenen Tagen, Monaten, Jahren. Wir erinnern uns sehr gut an den Schmerz, den wir damals fühlten und den wir nie mehr wieder fühlen wollen. Deshalb werden wir vorsichtig, halten uns zurück. Es geht darum, neue Wege zu finden, wie wir mit unseren Ängsten umgehen. Wir müssen sie akzeptieren. Denn sie sind auch sehr gute Warnsysteme.

Anders sieht es aus, wenn mit Ängsten "gearbeitet" wird. Das erleben wir tagtäglich in den Medien. Hier werden Hassbilder aufgebaut, mit denen der Konsument in die "richtige Richtung" gedreht wird. Solche Methoden gehören unserer Meinung nach auf keinen Fall in die Esoterik bzw. in die Seelenarbeit. Doch auch hier wird mit Ängsten gearbeitet. "Du hast eine Schwarzmagie-Besetzung aus einem deiner Vorleben!" "Du bist mit einem Fluch belegt!" "Jemand hat dir eine Besetzung geschickt!" Was soll dieser Blödsinn?! Natürlich bringen wir bestimmte Dinge aus Vorleben mit. Nämlich genau die Dinge, die im entsprechenden Vorleben nicht bearbeitet wurden. Sie werden uns dann, in entsprechend neuem Kontext, in unserer jetzigen Existenz wieder serviert. Aber es sind Chancen! Keine Flüche. Es sind Gelegenheiten zum Wachsen! Keine Besetzungen.

Gerade die, die sich "Priester des Lichts" nennen, die sich Guru nennen, die sollten doch wissen, dass es menschenunwürdig ist, mit Ängsten zu manipulieren. Aber leider ist das hier nicht anders als in den Kirchen, wo von den Kanzeln Hass gepredigt wird und Verfolgung. Wo von "geheimem Wissen" gesprochen wird, obwohl es jedem, der nur richtig zuhören kann, zur Verfügung steht. Hier wird sich selbst über andere erhoben, hier wird Wasser gepredigt und Wein getrunken. Lassen Sie sich nicht für dumm verkaufen! Weder Jesus, Buddha noch Krishna behauptete von sich selbst, etwas Besonderes zu sein. Weder Gandhi, Mutter Teresa oder Martin Luther King erhoben sich über andere. Ganz im Gegenteil, sie gaben, was sie hatten, und predigten Gleichheit, Einssein und Liebe. Genau das, was wir heute alle suchen. Menschen brauchen die Harmonie und Verständnis.

Empathie und Liebe haben mit Besetzung und schwarzer Magie nichts, aber auch gar nichts zu tun. Wo Liebe ist, haben solche Dinge keinen Platz.

Und wieder einmal ist es IHRE Entscheidung. Wir wünschen Ihnen viel Glück dabei.

Dafür habe ich keine Zeit

Ich frage meist einige Zeit nach meinen Seminaren noch einmal bei den Schülern nach, ob alles o.k. ist, ob im Nachgang noch Fragen aufgetaucht sind. Meist kommt nach einem halben oder Dreivierteljahr der Satz, wenn es beispielsweise um die Anwendung des Erlernten geht: "Ich habe es noch mal an mir gemacht, aber sonst hatte ich noch keine Zeit."

Frage ich bezüglich der Pendelarbeit nach, mithilfe derer man hervorragend seine eigenen Blockaden aufdecken kann, stelle ich fest, dass sie kaum angewendet wird. Wenn überhaupt, dann meist in dem Versuch, das Pendel als Orakel zu nutzen, was dann oftmals in der gewünschten Form nicht funktioniert. Die wenigsten nutzen es, geschweige denn regelmäßig. Meist haben sie bereits ein neues Seminar gebucht, das sie an die wirklichen Blockaden bringen soll. Irgendeine neue Technik, etwas, das eine schnelle Lösung verspricht.

Nun, vieles wird der Zeit in die Schuhe geschoben. Ist es wirklich die Zeit, die uns fehlt? Oder fehlt es uns vielmehr an Bewusstsein?

Wenn wir wüssten, dass uns der Stress krank macht, würden wir ihn dann reduzieren? Oder wissen wir, wie krank uns Stress macht, verändern es aber trotzdem nicht? Ist es die Angst vor Veränderung, die uns davon abhält? Eine Verlustangst? Angst vor Ablehnung, wenn wir bestimmten Verpflichtungen nicht mehr nachgehen?

Ist es unser Unterbewusstsein, das agiert, wir aber nicht zulassen, was da in unser Bewusstsein drängt? Was hatten wir geschrieben, wie oft wir in der Regel gegenwärtig, also im Hier und Jetzt sind? Genau! Durchschnittlich zu 2 Prozent. Und unser Stressprogramm verhindert, dass es mehr wird!

Wie wichtig ist Ihnen Ihr Wachstum? Wie wichtig ist es Ihnen, dass sich etwas verändert?

Wir haben für alles Zeit, was uns wirklich wichtig ist. Aber wenn erleuchtet so viel bedeutet wie "DEM EIGENEN POTENZIAL GEGENÜBER WACH ZU SEIN", ist es fraglich, ob das im Zeitraffer funktioniert.

Ein Garten braucht Pflege, unser Körper braucht Pflege. Es reicht nicht, sich alle paar Wochen einmal zu bewegen, es reicht bei langer Trockenheit nicht, den Garten einmal zu wässern. Hobbygärtner wissen, wie viel Arbeit ein Garten macht. Körperbewusstsein braucht Zeit, um sich bewusst zu sein, was guttut und was nicht. Es braucht Zeiten, wo wir innehalten, reflektieren, neu betrachten.

Unser Energiesystem ist sehr komplex. Jedes ist einzigartig, kein Mensch gleicht exakt einem anderen. Jeder hat andere Wahrnehmungen, Erfahrungen und Wünsche.

Viele Antworten kämen aus uns selbst, wenn wir nur ab und zu innehalten und den Impulsen lauschen würden, die sich da zeigen. Viele Heilmethoden würden sich individuell weiterentwickeln, wenn nur genug Vertrauen in die eigenen Fähigkeiten und Wahrnehmungen da wäre. Diese lassen sich trainieren, und umso entspannter wir sind, umso besser zeigen sie sich.

Wir müssen lernen, ein angemessenes Zeitmanagement für uns selbst zu entwickeln, in dem Ruhezeiten genauso eingeplant werden wie das Tun. Sonst bremst uns unser Körper irgendwann aus und wir haben Auszeiten, nur leider nicht in der angenehmen Weise.

Wir könnten hierüber ein ganzes Buch füllen, aber wir beschränken uns auf ein paar weitere Beispiele, auch wenn es uns beinahe schwerfällt.

Immer mehr Menschen hetzen und eilen durchs Leben. Sie halten kaum inne. Verinnerlichen wir uns, dass wir mehrere tausend Gedanken am Tag haben, und versuchen wir am Abend bewusst nachzuvollziehen, was wir alles am Tag gedacht haben, wird uns auffallen, wie wenig bewusst wir durch den Alltag hetzen. Manche setzen dem Ganzen noch einzelne i-Tüpfelchen auf, jetzt im Zeitalter des Internets und der Handynutzung. Kaum haben sie einen Augenblick Zeit, geht der Blick aufs Handy. Joggen sie durch den Wald, hören sie Musik. Sie hören keine Vögel, haben keine Ruhe. Weder vor Strahlungen noch vor Lärm noch vor Informationsaustausch. Viele kommen mit Ruhe gar nicht mehr klar, und das ist normal, denn das Unterbewusstsein will in Kommunikation mit uns stehen. Umso länger es verdrängt wird, umso stärker wird es versuchen, sich zu zeigen – doch dafür ist ja keine Zeit. Dann kommen Schreckensbilder in den Träumen, auch diese werden ignoriert. Manche gehen dann zu Seminaren, erhoffen sich eine schnelle, eine ihrem straffen Zeitplan angepasste Hilfe. Sie haben keine Zeit, sich mit ihren Gefühlen auseinanderzusetzen und auch nicht mit ihren unbewussten Verhaltensmustern, Blockadeursachen oder Sabotageprogrammen. Was nicht passt, muss einfach weg! Wenn es nicht funktioniert, wird nicht weiter probiert, es wird etwas Neues gelernt, etwas, das neu am Markt ist und sicher helfen kann. Wir werden oft gefragt, wie lange man denn diese oder jene Methode anwenden muss, bis ein Problem weg sei. Oder wie viele Fußmassagen es dazu braucht. Nun – jeder Mensch ist einzigartig, jeder Organismus braucht eine individuelle Feinabstimmung. Der eine braucht eine Stunde Ruhe und bekommt die richtungsweisende Eingebung seines Lebens, der andere braucht monatelange Meditationen oder Coachings, um überhaupt wieder Zugang zu seinen Gefühlen zu bekommen. Eines ist jedoch klar – unter Druck geht gar nichts! Und ohne Ruhe auch nicht! Man braucht keine esoterischen Lehren, was nicht bedeutet, dass sie keinen Sinn haben. Es ist auch aus der Gehirnforschung bekannt, dass wir unter Stress ein Brett vor dem Kopf haben. Das war schon zu Urzeiten so, dass bei Stress das Blut in Beine oder Arme fließt, um wegzurennen oder um zu kämpfen, und so reagieren unsere Organismen auch heute noch, nur bauen wir den Stress heute nur selten durch Bewegung ab. Und so lässt uns die verbleibende Unruhe nicht klar denken, und viele Lösungen, die aus uns selbst kommen könnten, werden außerhalb von uns gesucht.

Bewusstsein oder auch bewusst zu leben geht nicht in Hektik! Bewusstsein hat mit Selbstbewusstsein zu tun, und damit ist kein besonders dominantes Auftreten gemeint, vielmehr meinen wir damit, sich seines Selbst ganz und gar bewusst zu sein im Hier und Jetzt! Was fühle ich gerade? Was kann ich besonders gut? Was sind meine Ängste? Bringt mich meine Handlung meinem Ziel näher oder eher von ihm ab? Was braucht mein Körper? Warum handele ich so? Tue ich es aus Angst, nicht geliebt zu werden, oder weil es mir Freude macht? Bewusstsein ist nicht Wissen, das wir vermittelt bekommen haben, wir verstehen darunter vielmehr die Bewusstheit, mit Dingen umzugehen!

Wir studieren die Funktionsweise des Handys, das Handbuch des PC, aber nicht unser eigenes Handbuch, unser Selbst. Das muss einfach funktionieren und schnell gehen, und wenn etwas nicht geht, soll es ein Arzt richten. Doch unser Körper ist kein

Fahrzeug, für den es unbegrenzt Ersatzteile gibt, und sie lassen sich auch nicht so einfach einbauen. Unser Körper und unser Energiesystem sind viel komplexer, und es braucht Zeit, beide kennenzulernen.

Der Ausspruch "In der Ruhe liegt die Kraft" bekommt, wenn man einige der aufgeführten Fallstricke noch einmal Revue passieren lässt, eine ganz tiefe Bedeutung. Denken Sie noch einmal an das, was wir über Träume, Ruhe oder mangelnde Zeit geschrieben haben ...

Die geistige Welt hat gesagt, dass ich das machen soll

Hier vermissen wir etwas ganz Wichtiges. Warum brauchen wir Menschen immer jemanden, der uns sagt, was wir tun müssen? Wo ist unser Bauchgefühl, unsere Intuition? Warum glauben wir eher einer geistigen Energie als uns selbst? Warum glauben wir, dass uns die geistige Welt Befehle gibt?

Sie unterstützt uns gerne in unserem Dasein. Greift uns liebevoll unter die Arme, wenn wir bereit sind, ihre Botschaft anzunehmen. Aber sie gibt uns niemals Befehle, denn sie respektiert stets unseren freien Willen und sieht uns bei unserem Wachstum zu.

Wenn wir von der geistigen Welt sprechen, dann sprechen wir von einer Parallelwelt, die real existent ist. Sie ist nichts Abgehobenes, nichts Unerreichbares und schon gar kein Ort, zu dem nur "Auserwählte" Zutritt haben!

Wie in unserer Realität auch, gibt es Wesen in dieser Existenz. Ihre Aufgabe ist es unter anderem, uns, den spirituellen Wesen in einer menschlichen Erfahrung, zur Seite zu stehen. Sie helfen uns und geben uns Ratschläge (z. B. im Channeling oder im Traum). Es ist an uns, diese anzunehmen oder unsere eigenen Wege zu gehen. Es sind nicht mehr als Hinweise, wie wir es machen könnten, wie wir uns verhalten könnten. Mehr nicht! Egal wie wir uns entscheiden, ob dafür oder dagegen, wir müssen bereit sein, die Konsequenzen zu tragen. Denn diese wird die geistige Welt nicht übernehmen!

Seit unserer Kindheit sind wir darauf konditioniert zu tun, was andere sagen. Das erste Beispiel hierfür sind unsere Eltern, Großeltern, Geschwister (vor allem, wenn sie älter sind), Schullehrer, Chefs, Partner. Wie Ulla am Anfang schon sagte, ist sie ein herrliches Beispiel für diese – nennen wir es mal übertrieben – "Unterwerfung". Ihre Eltern hatten wenig Zeit für ihren Bruder und sie. Das Zepter im Haushalt führte die Oma. Ihr Wort war Gesetz. So lebte Ulla die ersten zwölf Jahre ihres Lebens. Durch die Trennung ihrer Eltern geriet sie in einen Gewissenskonflikt. Da die Trennung nicht im Guten ablief, sondern sie immer zwischen Mutter und Vater hin- und hergerissen wurde, hatte sie (unbewusst) ein Problem mit der "Führung". Sollte sie ihrer Mutter oder ihrem Vater glauben? Sollte sie auf ihre Mutter oder auf ihren Vater hören? Und dann war da auch noch die Oma ... Hatte sie inzwischen ihren Rang verloren? Eine sehr schwierige Zeit für ein Mädchen kurz vor oder bereits am Anfang der Pubertät. Ihr wurde sehr spät erst klar, dass es in dieser Zeit war, als sie mit dem Channeln begann. Sie unterhielt sich mit einer unsichtbaren Person und fragte nach Rat. Sie suchte Hilfe – und es war jemand da. (Wenn der Schüler bereit ist, erscheint der Lehrer.) Nicht immer stimmten die Empfehlungen mit ihrem Gefühl überein. Was ihr nicht bewusst war, war, dass es eine Gelegenheit war, sich eine eigene Meinung zu bilden. Natürlich war es auch unmenschlich schwer: Denn egal für wen sie sich entscheiden würde, ob Mutter oder Vater, sie würde den anderen verlieren. Für ein Kind undenkbar und grausam! Und so entschied sie sich dafür, sich weiter hin- und herwerfen zu lassen und baute ihren Leidensdruck so richtig auf, was sich in ihrem späteren Leben noch fortsetzte. Wir wissen nicht, ob alle Frauen einen sehr hohen Leidensdruck haben. Ob wir alle gerne Opfer werden. Die Geschichte zeigt, dass wir es schon seit Urzeiten sehr gut können (siehe hierzu Kapitel 16: Einen Menschen als Meister verehren). Frauen sind Seelenmenschen, wir wollen verführt werden, wir wollen verschmelzen, wir wollen, dass unsere Seele erkannt wird. Wir suchen Einfühlung und Verführung – und finden meist Freiheitsberaubung und Unterwerfung.

Wir lieben die Veränderung und sind bereit, Grenzen zu überschreiten, neue Welten zu erobern, Grenzerfahrungen zu machen. Da kommt ein Guru mit all seiner Führungsqualität, evtl. gepaart mit Jenseitserfahrung. Mit ihm können wir verschmelzen. Wir wissen durchaus, dass wir nicht die Einzige für ihn sind, dieses Bewusstsein kann uns aber nicht zurückhalten. Ganz im Gegenteil – wir liefern uns ihm aus: in vollem Bewusstsein.

Trotz aller Emanzipation, die wir Gott sei Dank inzwischen erreicht haben, tendieren wir Frauen doch eher dazu, zu folgen, als zu führen – sei es unserem Vater, Ehemann, Chef oder Guru. Wir lieben es, das Für und Wider lieber einmal mehr als zu wenig in Betracht zu ziehen, und versuchen, alle Eventualitäten bereits im Vorhinein auszuschalten. Ein Mann dagegen setzt eine Idee um und denkt sich: Wird schon werden.

Auf der anderen Seite hören wir mehr auf unsere Emotionen als die Männer, können leichter mit Veränderungen umgehen und passen uns neuen Gegebenheiten an. Wir sind empathisch und lassen uns oft von unseren Gefühlen steuern. Das macht uns offener für die sogenannten "Phänomene" des Übersinnlichen. Wir sind empfänglich für das Feinstoffliche.

Gepaart mit einem gesunden Selbstbewusstsein und klarem Blick haben wir die Trümpfe in der Hand.

Ich hatte andere Erfahrungen mit der geistigen Welt. In Zeiten großer Verzweiflung bekam ich "Eingebungen" zu Heil- und Hilfsmitteln für mich. Manchmal helfen diese Dinge auch anderen Menschen. Für mich ging es darum, mir zu vertrauen. Konnte ich so etwas wirklich? War das nicht auserwählten Gurus vorbehalten? Doch auch bei Angstattacken hatte ich Hilfe. Innere Bilder führten mich. Ich bekam Hinweise und Ratschläge. Einige interpretierte ich falsch. Zweimal half ich Menschen aufgrund dieser Hinweise, von denen ich mich später hintergangen fühlte. Ich brauchte eine Zeit lang, um meinen Frieden damit zu machen und zu verstehen, dass es wichtig war zu helfen. Für die Personen und für mich. Ich hatte wichtige Lebenslektionen zu lernen, wenngleich man ja gerne von einem Happy End ausgeht- in der Form, was man selbst mit dem Ego und dem Bewusstsein als Happy End erachtet. Heute ist es für mich ein Happy End. Ich habe gelernt, dass ich Dinge nur dann tun sollte, wenn ich es wegen der Sache tue, und mich nicht vom Ausgang abhängig zu machen. Damit sind eine Menge Aktivitäten aus meinem Zeitplan herausgefallen, die ich aus Pflichtgefühl tat, statt nach mir selbst zu schauen. Ich habe gelernt, noch besser auf meinen Energiehaushalt zu achten und darauf, warum ich etwas tue – ob ich beispielsweise eine Erwartung an etwas habe – und was es mit mir macht, wenn ich NEIN sage. Man könnte sagen, die geistige Welt hat mir irdische Lehrer geschickt.

Unterpunkt: Hilfe aus fremden Galaxien

Wir haben schon oft gehört, dass Kunden oder Schüler von uns, die glaubten, besonders gewissenhaft mit der Erde und ihren Mitmenschen umzugehen, an dem Glauben festhielten, dass im Fall des Falles, dass die Erde nicht mehr bewohnbar für uns ist, andere Lebensformen oder Außerirdische ihrem Leben eine neue Chance geben und sie mitnehmen. Sie hoffen im Grunde darauf, dass sie zur richtigen Zeit am richtigen Ort sein werden, um von der Schwere der Lebensumstände auf der Erde erlöst zu werden. Wir können nicht ausschließen, dass auch wir uns das eines Tages wünschen werden.

Doch von unserem Standpunkt her birgt das Ganze schon einen Widerspruch in sich. Wir gestehen anderen Wesen zu, dass sie uns retten können. Warum ermächtigen wir uns nicht selbst dazu?

Wenn diese Lebensformen intelligenter sind als wir, dann geben wir schon wieder unsere Macht ab. Wir verehren etwas außerhalb von uns, genauso wie wir es in "Fallstrick 16" erwähnt haben, wenn jemand einen Meister oder Lehrer verehrt und ihm folgt. Wenn diese Lebensformen wirklich intelligent sind, unterstützen sie uns dabei, in unserer Mitte zu bleiben, unsere Fähigkeiten zu erkennen, unsere Macht über uns zurückzuerlangen. Sie nehmen uns nicht unsere Probleme, sie unterstützen uns vielmehr dabei, die Probleme hier zu lösen. Egal, ob wir einen Blick in die Politik werfen oder einfach nur in Familien: Kinder oder Länder, die befähigt werden, sich selbst zu helfen, ihre Kreativität zu nutzen, können sich selbst helfen lernen. Die, denen immer nur geholfen wird, bleiben immer in Angst und Abhängigkeit stecken.

Da wird gechannelt, wie es mit der Erde weitergeht. Manche fragen nach, wann sich hier die intergalaktische Föderation zeigt und eingreift und welche Botschaften sie für uns haben wird. Wäre es nicht sinnvoller, jeden Tag selbst zu schauen, wie der Tag besser gestaltet werden kann? Wie man mit sich und anderen in den Frieden kommt, was man selbst zur Rettung der Welt oder zum Wohlergehen beitragen kann? Dabei ist es egal, ob es der Straßenkehrer ist, der Freude daran hat, das Umfeld seiner

Mitmenschen zu reinigen, oder der Schreiner, der Freude daran hat, seinem Kunden einen Wunsch zu erfüllen. Es ist egal, ob es die Pflegekraft ist, die die Lebensqualität eines Menschen erhöht, oder die Mutter, die ihr Kind/ihre Kinder fördert und versorgt. Wer seine Aufgabe mit Freude und Hingabe erfüllt und wer sein Potenzial so einsetzt, dass es niemandem Schaden zufügt, trägt mehr dazu bei, dass sich etwas ändern kann, als derjenige, der abwartet, wann ein bestimmtes Ereignis zur Lösung seiner Probleme eintritt.

Sich auf Erlösungsszenarien zu versteifen, unterstützt die Realitätsflucht und ist wenig hilfreich. Jeder hat einen freien Willen und kann abwarten, bis sein gewünschtes Ereignis vielleicht kommen mag. Es gäbe aber auch die Möglichkeit, diese Zeit kreativ zu nutzen und seinen Beitrag zu leisten, um das Leben auf der Erde lebenswerter zu machen.

Fallstrick 22
Alles ist gut!

Ja genau! Damit ist gemeint, dass wir lieben sollen, was ist. Denn wenn wir die universellen Gesetze verstanden und verinnerlicht haben, übernehmen wir die Verantwortung für alles, was uns widerfährt. Wir wissen, dass wir es selbst erschaffen haben. Das ist gut.

Es sollte bedeuten, dass wir Situationen mit Gelassenheit begegnen lernen, da wir dann am wenigsten Stress haben und klarer denken sowie Lösungsmöglichkeiten finden können.

Wenn wir trauern, dann ist das gut. Es hilft uns, einen Verlust zu verarbeiten. Wenn wir uns freuen, dann ist das gut. Wenn wir aber Emotionen und Gefühle unterdrücken und uns einreden, alles sei gut, dann täuschen wir uns selbst. Und genau da liegt der Fallstrick, von dem wir unter diesem Punkt schreiben.

Zahlreiche Esoteriker laufen durch den Tag, es geht ihnen sichtlich nicht gut und sie geben trotzdem den Satz von sich: "Alles ist gut." Nun, wer nicht fühlt, dass er sich gerade selbst belügt, der wird das Gute nicht finden. Es nützt nichts, das einfach emotionslos vor sich hin zu stammeln. Es wird zur Selbsttäuschung und führt dazu, dass "es" nicht mehr gut ist, da es die wahren, dahinter verborgenen und oft unbewussten Emotionen sind, die wirklich erschaffen. Wenn wir Unangenehmes immer wieder als Angenehmes zurechtbiegen, werden wir nie lernen, das zu erreichen, was uns guttut.

So waren wir zusammen auf einer Messe, auf der am ersten Tag die Besucherzahlen weit unter den Erwartungen lagen beziehungsweise stundenlang war gar nichts los. In dieser Zeit kamen andere Standbetreiber bei uns vorbei, aus Langeweile. Natürlich ergaben sich so ganz tolle und nette Gespräche, das war auch wunderschön. Dennoch hörten wir immer wieder Sätze wie: "Dann haben wir halt uns, dann ist es dafür gut!" Bitte – niemand bucht eine Messe und zahlt 1.000 Euro für ein paar nette Gespräche mit Standnachbarn! Es macht auf jeden Fall Sinn, das Beste aus so einem Tag zu machen und sich nicht die Laune zu verderben. Es macht aber auch Sinn, seine eigene Tätigkeit hin und wieder einmal auf den Prüfstand zu stellen und zu analysieren, was einem einen Nutzen bringt und womit man seine Zeit verbringt.

Ulla bezeichnet die Emotionen gerne als Kinder. Wie Kinder wollen sie gesehen werden, sie wollen, dass wir uns um sie kümmern, sie zulassen und sich (aus)leben lassen. Zur Trauer gehören zum Beispiel einmal Tränen. Weinen ist eine Reinigung. Ein Inder sagte einmal zu mir: "Ihr Europäer seid schon ein lustiges Volk. Ihr wascht euch jeden Tag, vielleicht sogar mehrmals am Tag. Aber: Ihr reinigt euch nur von außen. Was ist mit dem Inneren? Wann reinigt ihr eure Organe, eure Gedanken, eure Seele?"

Ja, wann machen wir das? Wir mögen es nicht, in der Öffentlichkeit zu weinen. Die Menschen könnten ja denken, dass wir schwach sind, Probleme haben, Hilfe brauchen. Ist es denn nicht die Wahrheit? Suchen wir nicht nach Hilfe? Nach einem Arm, der uns auffängt, wenn wir wieder mal in die Tiefe fallen?

Wenn wir unsere Emotionen nicht leben, grenzen wir uns aus. Es gibt kein "bisschen dazugehören". Entweder wir gehören dazu, mit all unseren Unzulänglichkeiten und unseren Schwächen, oder nicht. Entweder sind wir für ein Leben des "Miteinander" oder wir sind "Eremit".

Oft wissen wir gar nicht, dass wir trauern. Wir haben nur eine enorme Wut in uns. Wir sind gereizt und denken: 'Sprich mich bloß nicht an, ich will meine Ruhe.' (Merken Sie es: Wir ziehen uns schon wieder zurück.) Uns gehen Gedanken durch den Kopf wie: Ich muss da ganz alleine durch. Da kann mir sowieso keiner helfen. Ich schaffe das schon. Ich habe es noch immer alleine geschafft. Das sind die Sätze, die wir uns selbst sagen, die wir aber auch laut aussprechen. Es sind gleichzeitig die Lügen, mit denen wir uns immer und immer wieder selbst belügen. Was wir wirklich wollen, ist eben der Arm, der uns hält, die Nähe, die uns schützt, und das Verständnis, das uns schwach sein lässt. Einen Menschen, der uns so liebt, wie wir sind. Der zu uns steht, egal was kommt.

Woher aber soll er denn kommen, wenn wir immer wieder zeigen, dass wir stark sind?! Dass wir es alleine schaffen! Dass wir es ja schon immer geschafft haben!

Stehen Sie zu Ihren Emotionen: Schreien Sie, wenn Sie wütend sind. Sagen Sie "Au!", wenn man Ihnen wehtut, lassen Sie Ihre Tränen laufen, wenn Sie traurig sind. Stehen Sie zu sich selbst – dann können es auch andere tun!

Wenn Ihnen passiert, was Ulla vor Jahren passiert ist, nämlich dass Ihre Ehe in die Brüche geht, Sie verlassen werden, der Mietvertrag gekündigt wird und Sie auf der Straße stehen und dann noch Ihr Chef krank wird und die Firma schließen muss und Sie keine Arbeit mehr haben- was machen Sie, wenn dann jemand kommt und sagt: "Alles ist gut!"? Ulla weiß nicht, was Sie tun, sie kann nur sagen: Bei ihr war es alles andere als gut. Heute, 15 Jahre später, weiß sie, dass es gut war. Aber damals, als es passierte, konnte sie beileibe nichts Gutes daran entdecken. Da war sie traurig und wurde hässlich, wann immer sie weinte. Sie hatte Wut und schrie ihre Wut heraus. Dabei lernten so manche Teller und Tassen das Fliegen. Sie war verzweifelt und ging in die Opferrolle, sie schloss sich ein und schloss die Welt aus. Doch dann wurde ihr etwas bewusst, und sie gestand sich ein: Ich brauche Hilfe. Sie fand Hilfe und nahm sie an. Sie lernte wieder zu lachen, Freude zu haben und das Leben zu genießen.

Sie können das auch!

Unterpunkt: Ich bin so dankbar!

Dazu könnten wir den obigen Text gerade noch einmal fast identisch wiederholen.

So oft hören wir: Ich bin so dankbar dafür. Ich bin so voller Dank. Das ist generell ein guter Ansatz, sofern man auch hier beachtet, ob man seine wahren Gefühle gerade unterdrückt, um so die Haltung nach außen zu wahren, oder ob man wirklich tiefe Dankbarkeit und Glück empfindet.

So haben wir immer wieder Seminarteilnehmer und Kunden, die sich sehr für spirituelle Dinge oder esoterische Themen interessieren – und dann im selben Atemzug für ihr vermurkstes Leben, mit dem sie alles andere als im Einklang sind, danken.

Ja, man sollte dankbar sein für alles, was ist, denn man selbst hat es erschaffen (und wieder beziehen wir uns auf die Annahme der Elementale). Doch dann ist man im Frieden mit sich und der Situation und empfindet sie als wirklich bereichernd. Man empfindet Glück für das, was da ist.

Wir erleben jedoch, dass diese Menschen zu Coachings und Seminaren kommen und in einer ähnlichen Situation stecken, wie Ulla sie bereits erlebt hat. Eine Situation mit vielen Verlusten und Existenzängsten. Sie erzählen dann von ihren Ängsten, und im gleichen Satz sagen sie: "Aber ich bin so dankbar, dass ich das alles erleben darf." Sie erzählen von Konflikten auf der Arbeit und sehen keinen Ausweg – und sind so dankbar dafür. Sie haben Schulden, können kaum die Kinder ernähren, laufen Gefahr, Haus und Hof zu verlieren – und sind so dankbar für diese Erfahrung.

Verstehen Sie, worauf wir hinauswollen? Wenn diese Menschen wirkliche Dankbarkeit mit dem Herzen empfinden, dann werden sie zum Magneten für diese Situationen!

Heute ist bekannt, dass das elektromagnetische Feld des Herzens etwa 5.000-mal stärker ist als das des Gehirns. Dies zeigt auf, wie viel stärker also Gefühle wirken im Gegensatz zu Gedanken. Auch unser Herzrhythmus soll sich harmonisieren, wenn wir uns auf wahre Dankbarkeit und Wertschätzung konzentrieren. Doch wir dürfen uns nicht selbst betrügen. Artikulierte Dankbarkeit muss im Einklang mit den wahren Gefühlen stehen. Wir belügen uns sonst selbst – nicht nur andere Personen. Wir belügen vor allem uns selbst und wundern uns, wenn unser Herz und unser Leben immer weiter in Disharmonie geraten.

Fallstrick 23

Der raubt mir Energie!

Wann kann Ihnen jemand Energie rauben? Nicht jedem wird die Antwort gefallen: Nur wenn Sie es zulassen! Das passiert dann, wenn Sie sich nicht abgrenzen. Wenn Sie nicht laut und deutlich nein sagen. Im Leben geht es sehr oft um Abgrenzung. Es geht um nichts anderes als um unser Selbstwertgefühl. Es braucht ein Nein, zu dem wir innerlich stehen. Fest und unerschütterlich!

Manchmal sagen wir nein und haben das Gefühl, der andere hat es gar nicht gehört. Das ist meist dann der Fall, wenn Sie doch noch irgendwo Schuldgefühle sitzen haben. Sie sagen dann nein, aber die kleinsten Zweifel, das bisschen schlechte Gewissen oder das Wissen darüber, dass man bei Ihnen nur lange genug bohren muss, um Sie umzustimmen, kommen beim Gegenüber an. Vieles spielt sich hier unausgesprochen und unbewusst ab.

Wenn es darum geht, dass ich lernen muss, mich abzugrenzen, dann werden mir Menschen geschickt, die meine Grenzen verletzen. Sie fordern mich heraus und reizen mich.

Sie zeigen auf: Wie weit muss die Verletzung gehen, bis ich stopp sage?

Bin ich ein Mensch, der anderen gerne hilft, ihnen ihre Last gerne abnimmt, dann habe ich wahrscheinlich viele Freunde. Kommt ein Problem, fragen sie mich um Rat – und wenn möglich antworte ich: "Ich mach das schon." Da wir es gerne bequem haben, funktioniert dieses Spiel eine lange Zeit. Bis es mir auf einmal zu viel wird. Ich spüre, dass meine Kraft nachlässt, dass ich nicht mehr kann und Ruhe brauche. Also ziehe ich mich zurück. Diese Reaktion kennt man aber nicht von mir, und deshalb wird sie zunächst überhaupt nicht beachtet. Ich bin weiterhin die Anlaufstelle für Probleme und Hilfestellungen. Wieder einmal ist eine Entscheidung fällig. Auch wenn ich damit einen anderen eventuell verletze, weil ich nein sage. Natürlich stoße ich dabei auch auf absolutes Unverständnis. Denn das kennt niemand von mir und erwartet auch niemand von mir.

Um mich selbst zu schonen, bin ich gezwungen, NEIN zu sagen – in dem Wissen, einen anderen vermutlich zu verletzen. Wobei es nicht meine Absicht ist, jemanden zu verletzen, nur ich würde mich verletzen und krank werden, wenn ich nicht genug auf meine Energie achte. Ich kann nichts dafür, wenn es jemanden verletzt. Schauen wir es uns genauer an, werden wir feststellen, dass dieses Nein eine Erleichterung für mich bringt; ich kann mich erholen, neue Kraft schöpfen und es geht mir gut. Der andere, den ich anscheinend verletzt habe, lernt so, für sich selbst einzustehen und wird feststellen, dass er durchaus dazu in der Lage ist.

Lassen Sie los von der Idee, jedem helfen zu müssen. Sie werden es nicht schaffen, Everybody's Darling zu sein. Lassen Sie dem anderen sein Los, sodass er lernen und alle Talente, die in ihm stecken, erkunden kann.

Dann gibt es noch den Ansatz, dass wir von Energievampiren in der Form sprechen, dass diese bewusst an unsere Energie gehen.

Wir haben viele Menschen kennengelernt, die die Auffassung vertreten, dass man sich vor diesen Menschen schützen muss. Hier greifen wieder unsere Beschreibungen in Fallstrick 11, dass wir die Resonanzen in uns zu diesen Menschen heilen müssen. Wir lassen es – in der Regel sind uns die Resonanzen unbewusst und auf den ersten Blick nur selten ersichtlich – nach dem Gesetz der Resonanz zu, dass wir Energie verlieren. Doch niemand kann uns Energie nehmen, wenn wir es nicht zulassen. Da wir aber unbewusst mit vielen Themen in Resonanz gehen, fällt es uns schwer, die Steuerung zu übernehmen. Wir müssen lernen, ganz offen gegenüber unseren blinden Flecken zu werden, und wir müssen bereit sein, diese als solche zu erkennen.

Fallstrick 24

Wenn Angst nicht mehr als solche angenommen wird

Es gibt viele Menschen, die sich mit Weltuntergangsszenarien beschäftigen. Viele haben mit Angst dem 21.12.2012 entgegengeblickt, da zu diesem Zeitpunkt der Maya-Kalender endete. Man sprach von einem möglichen Weltuntergang. Andere wiederum sahen es als Neuanfang, da das Ende des Kalenders nur bedeutete, dass nun erneut von vorne zu rechnen ist. Manche betrachteten den 21.12. als ein Nadelöhr, einmal überwunden, ginge es mit der Welt aufwärts. Nun, das kann man bei genauerer Betrachtung politischer Ereignisse sehen, wie man will.

Nachdem von einem spirituellen Kreis der beinahe hervorbeschworene Weltuntergang (man erinnere sich an dieser Stelle bitte noch einmal, was wir eingangs über die Elementale, für die jeder verantwortlich ist, geschrieben haben) ausgeblieben ist, sieht man nun den Zusammenbruch der Weltwirtschaft in absehbarer Zukunft.

In diesen Kreisen wird ausdrücklich betont, dass man keine Angst davor habe. Tatsächlich werden jedoch Vorräte in Kellern angelegt, die für mehrere Monate ausreichen sollen. Es wird versucht, Grundstücke zu erwerben, um Nahrungsmittel anzubauen. Nun, würde man dies ohnehin machen, einfach weil man gerne Gartenanbau betreibt, wäre das in Ordnung. Wenn man es aber wegen angekündigter künftiger Ereignisse tut, dann spielt da sehr wohl Angst mit hinein. Angst, Dinge nicht mehr kaufen zu können. Angst, kein Dach mehr über dem Kopf zu haben.

Wir wollen die Situation gar nicht beschönigen, und wir stehen auch dazu, dass wir das ganze Geschehen mit Sorge betrachten. Ich stehe auch dazu, dass ich bei manchen Dingen Angst habe. Ich bin mir dieser Angst voll und ganz bewusst. Auch das Vertrauen in ein Leben nach dem Tod ist zwar da, und trotzdem habe ich in manchen Bereichen Lebens- oder auch Überlebensangst. Ich mache mir da nichts vor, ich sehe es selbst an meinen Aura-Bildern. Mit diesem Wissen schaue ich im Alltag so oft wie möglich, wenn mich diese Angst einholt, wie ich mich auf etwas anderes konzentrieren kann, um die Angst nicht weiter zu nähren. Ich ergründe die Ursachen der Angst, die so verworren und vielschichtig sind, dass es vielleicht sogar eine Lebensaufgabe ist und nicht nur eine Lebensabschnittsaufgabe, sie zu durchblicken. Aber ich stochere nicht weiter in Themen herum, die die Angst nähren. Und es gibt noch mehr Aspekte, die Angst hervorrufen. Einige haben mit dem Alter zu tun, die waren vorher nicht greifbar, andere verschwinden mit zunehmendem Alter. Ängste können schlummern, ohne dass wir uns ihrer bewusst sind.

Nehmen wir wieder Bezug zu den Weltuntergangsszenarien. Über die Elementale zieht sich jeder so sein persönliches Untergangsszenario heran. Niemand wird sagen können, wie das aussieht und wann es kommt, aber jeder hat die Verantwortung für die Energie seiner Gedanken, auch der unbewussten, und so wird er eines Tages dafür geradestehen müssen. Sich beispielsweise einzureden, dass man Decken und Konserven für die ganze Familie für Monate hortet und keine Angst zu haben braucht, ist nicht wachstumsfördernd – im Gegenteil! Und das ist nur ein Beispiel für die vielen nicht wahrgenommenen Gesichter der Angst.

Wir nehmen noch ein weiteres Beispiel aus dem Praxisalltag von uns. Eine Klientin schimpft über die viele Arbeit, die sie hat. Sie hat einen Hauptjob, kümmert sich um Kinder, Enkel, Haushalt und zahlreiche Tiere. Sie möchte am liebsten auswandern, es ist ihr alles zu viel. Trotzdem kommen immer weitere Verpflichtungen dazu, aber sie schafft sie sich selbst. Neue Ausbildungen, noch mehr Tiere, noch mehr Verantwortung.

Für uns war klar, sie holt sich das, weil sie Ängste hat. Einerseits ist die Freiheit ihr größter Wunsch – und auf der anderen Seite ihre größte Angst. Durch die vielen Verpflichtungen und das Verantwortungsbewusstsein anderen gegenüber ist es absehbar, dass sie niemals weggehen wird. Aber ihr ist ihre Angst nicht bewusst. Der straffe Alltag lässt es auch gar nicht zu, zur Ruhe zu kommen und neue Einsichten zu gewinnen.

Wir sehen deutlich, wie dieser Fallstrick arbeitet: Indem sie sich immer mehr Arbeit und Verantwortung aufbürdet, ist sie auf der sicheren Seite. Denn: Je mehr sie zu tun hat, je mehr sie eingespannt ist und je mehr Verantwortung sie trägt, desto weniger Zeit hat sie, sich um ihre eigenen Probleme und Bedürfnisse zu kümmern.

Die Befürchtung: Werden mich die anderen, meine Familie und meine Freunde, immer noch mögen, wenn ich mich um mich selbst kümmere? Wenn ich mir Zeit für mich nehme? Wenn ich auch einmal "NEIN" sage?

Hier schlägt die Verlustangst doppelt zu. Zum einen: Sie will sich um andere(s) kümmern, damit sie das Gefühl hat, gebraucht zu werden. Zum anderen: Werden die anderen mich noch immer mögen, wenn ich mich um mich kümmere? Werde ich dann überhaupt noch gebraucht? Was mache ich dann noch hier?

Einen ähnlichen Fall haben wir mit einer Frau erlebt, die über das normale Maß hinaus herumrennt. Den ganzen Tag! Sitzt sie länger als zwei Stunden, wird sie unruhig. Auch hier würden sich Themen beziehungsweise Ängste zeigen, wenn sie zur Ruhe kommt. Aber wenn diese Einsicht nicht da ist oder der Wunsch, etwas im Leben zu verändern, wird es irgendwann so weit kommen, dass sie zur Ruhe gezwungen wird, weil es der Organismus einfach nicht mehr schafft. (Wir meinen hier nicht eine normale gesunde Bewegung oder sportliche Betätigung, die ja auch Stress abbaut und gesundheitsfördernd sein kann.) Eine alte Weisheit, die Sie sich unbedingt merken sollten, besagt: Wenn die Seele am Ende ist, wenn sie nicht mehr kann, dann ruft sie den Körper zu Hilfe. Sie sagt: "Körper, ich kann nicht mehr. Du musst übernehmen." Der Körper sagt: "Kein Problem. Ich werde krank." Spätestens dann kommen die Themen hoch, vor denen die Frau versucht wegzulaufen.

Das spirituelle Ego

Wir haben das spirituelle Ego in fast allen Kapiteln auf die eine oder andere Art und Weise erwähnt.

Egal ob es um das Senden von Licht, die Annahme, besser zu sein, oder die Bewertung von Gut und Böse geht.

Spirituell zu sein bedeutet, den Weg der Selbsterkenntnis zu beschreiten. Es ist der Weg nach innen. Es geht darum, sich seines Selbst bewusst zu sein, und wer seine Eigenschaften und Stärken kennt, dem fällt es leicht, bei sich zu bleiben und Eigenschaften wie Bereitschaft, Freude, Liebe, Frieden, Hingabe, Gelassenheit, Akzeptanz, Mitgefühl oder Vertrauen zu leben. Menschen, die diesen Weg gehen, lernen, ihre Schattenseiten anzunehmen und so zu wandeln, dass sie einen positiven Nutzen daraus ziehen können. Also Transformation!

Wir haben spirituelle Lehrer kennengelernt, die ihre Kunden oder Schüler klein machten. Damit meinen wir, sie bohrten so tief in deren Wunden, dass sie sich hinterher als Retter und Berater zur Verfügung stellen konnten. Kein Coaching, keine Beratung, die ein Kunde oder Schüler anstrebt, geht vonstatten, ohne die Krisenpunkte auf den Tisch zu bringen. Man kann aber trotzdem als Motivator tätig sein und Lösungswege aufzeigen.

Ich nehme gerne als Beispiel meine Tätigkeit als Reiki-Meister. Ich höre so oft: Ich bin auch Reiki-Meister oder Reiki-Großmeister. Ich bin Lichtpriester oder sogar Lichtkrieger! Ich sage nicht, dass das Menschen sind, die keine gute Arbeit anbieten. Die Frage ist doch viel eher, warum wir solche Titel brauchen. Reiki-Meister zu sein bedeutet, sein Leben mit Reiki zu meistern. Das heißt nicht, bessere oder schnellere Energieformen zur Verfügung zu haben und die Berechtigung, sich über Reiki-I-Praktizierende zu stellen.

Wir möchten auch mit keinem Krieger zusammenarbeiten. Auch dann nicht, wenn es sich um einen Lichtkrieger handelt. Krieger kommt von Krieg. Wir wünschen Frieden! Wir streben nach innerer und äußerer Harmonie! Unsere eigenen inneren Konflikte reichen uns als Lebensaufgabe.

Spiritualität ist kein Wettrennen zwischen mehreren Mitstreitern und ihrem angesammelten Wissen aus der Esoterikszene. Sie hat nichts damit zu tun, sich vegan zu ernähren oder das Channelmedium für einen Erzengel zu sein.

Wer glaubt, auserkoren und/oder überirdisch zu sein, wer scheinbar eine große Last für die Menschheit tragen muss oder sie retten soll, wer sich selbst ständig beweihräuchert und über seine Schüler erheben will, das Ganze noch mit einem aufgesetzten Lächeln, den können Sie als Lehrer getrost aussortieren.

Werden wir im Alltag mit dem Ego konfrontiert, so erkennen wir bei seinem Aufflammen Attribute wie Macht, Ansehen, Ehre und so weiter. Da wird offensichtlicher gekämpft. Im Spirituellen ist das schon schwieriger, und gerade wenn man suchend ist und ein vermeintlich "Wissender" Hilfe verspricht, kann das ablaufen wie die Begegnung mit einem Wolf im Schafspelz.

Der Fokus sitzt so sehr auf vermeintlichen spirituellen Errungenschaften, dass ein Wettlauf beginnt, um schnell höher und weiter zu kommen als andere und damit vermeintlich spiritueller und wertvoller zu sein. Licht und Liebe zu sein und die Welt zu heilen und zu den wenigen Auserwählten zu gehören, gehört zum Endziel. Und schon vergleichen und verurteilen wir mit Aussagen wie: "Ich bin spiritueller und schon viel weiter!" Wir trennen! Wir trennen uns von den anderen, die noch nicht "so weit" sind. Spiritualität bedeutet jedoch "EINS SEIN". Sie erinnern sich an die ersten Seiten des Buches?

Beispiele aus
der Praxis

In diesem Kapitel wollen wir Ihnen einige Beispiele aus unserer Praxis schildern, die zeigen, wie viele Arten von Fallstricken es gibt und warum man sie oft nicht als solche erkennt.

Eine Kundin kam zu mir und berichtete bei der Aufarbeitung ihrer Vergangenheit, dass sie es hasse, angelogen zu werden. Sie sah in vielen Männern potenzielle Lügner, weshalb eine feste Partnerschaft immer zu scheitern schien. Sie hatte mit ihrem Ex-Mann erlebt, dass er sie belogen und betrogen hatte, und daher waren Männer ihr ein Dorn im Auge, wenngleich sie wiederum auch gerne eine neue Partnerschaft gehabt hätte. Darüber hinaus stellte sich heraus, dass sie mit ihrer äußeren Erscheinung höchst unzufrieden war und im Grunde Angst hatte, aufgrund ihres Erscheinungsbildes bei einem persönlichen Kennenlernen abgewiesen zu werden.

Seit einiger Zeit hatte sie eine Internetbekanntschaft. Es gefiel ihr, von diesem Mann umgarnt zu werden, eine Verabredung vermied sie jedoch. Sie gab alle möglichen und auch legitimen, keinesfalls erfundenen Gründe vor, weshalb es nicht ging. Sie waren jedoch vorgeschoben. Sie rechtfertigte sich damit, dass sie es genoss, dass er sich so viel Mühe gab, und daran wollte sie nichts ändern.

Ich versuchte ihr das Resonanzgesetz und das Spiegelgesetz aufgrund ihrer Situation zu erklären, und da gab es verschiedene Ansatzpunkte. Auf zwei davon gehe ich hier als Erklärung näher ein. Sie nannte dieses Vermeiden der realen Begegnung reizvoll und genoss es. Ich sah dahinter aber auch, dass sie damit vermied, sich ihrer Angst vor Ablehnung auszusetzen. Wir alle neigen dazu, wenn es um unsere Blockaden geht, für uns angenehme Rechtfertigungen zu suchen, die ja auch ihre Daseinsberechtigung haben. Ich will auch gar nicht widersprechen, dass ihr das durchaus Genuss bescherte, ich suchte jedoch nach einem Resonanzpunkt für die Lügen und den hatte ich gefunden. Sie log die Internetbekanntschaft an, indem sie Gründe vorgab, die verhinderten, sich zu begegnen. Sie sagte nicht ehrlich, dass sie Angst vor Ablehnung hatte. Sie belog auch sich selbst, hier greift das Spiegelgesetz. Sie sagte sich, dass die Situation so besser für sie wäre, dabei sehnte sie sich tief in ihrem Inneren nach Nähe, Liebe und Zärtlichkeit.

Sich selbst gegenüber ehrlich zu sein, ist sehr, sehr schwierig. Den Mut aufzubringen, der Wahrheit hinter dem eigenen Tun ins Gesicht zu schauen, sich selbst zu reflektieren und vor allem sich seiner wahren Gefühle bewusst zu werden, kostet Kraft. So etwas braucht Zeit, es ist wichtig, auf das Gefühl zu achten. Es gibt Dinge, die lassen sich nicht über den Verstand lösen. Aber jeder hat erlebt, wie schmerzhaft etwas sein kann, und daher wollen wir dann oftmals nicht mehr an die Gefühle rühren. Sie aber sind der Schlüssel zur eigenen Wahrheit und Selbstreflexion, die viel zu oft über den Verstand vorgenommen wird. Aber nur die Gefühle bringen uns zu wirklichem innerem Wachstum und zur Erleuchtung, die doch so viele anstreben. Erleuchtet sein bedeutet für uns, dem eigenen inneren Potenzial gegenüber wach zu sein und zu verstehen, es anzuwenden!

Eine andere Klientin von mir ist sehr sensibel, eine sehr gute und einfühlsame Beraterin. Ihre hochsensible Art macht sie sich beim Kartenlegen zunutze. Ich schickte ihr eine Kundin, und die Situation zwischen den beiden eskalierte. Es gab Probleme und Diskrepanzen hinsichtlich der Arbeitsweise beim Kartenlegen. Die Beratung wurde erst als zu schnell, dann als übertrieben langsam beschrieben. Die Kundin hatte Probleme, die Arbeitsweise meiner Bekannten zu akzeptieren. Meine Bekannte beendete dann die Beratung. Sie hatte sogar Probleme damit, das Geld für die Sitzung zu behalten. Es hatte für sie eine negative Energie. Ich nehme dieses Beispiel, weil es sehr gut die vermeintlich negative Energie zeigt, von der in der Esoterik so oft gesprochen wird.

Ausgeglichen und gut selbstreflektiert hätte die Beraterin gefragt, ob sie zuerst im Flow bleiben könne und im Anschluss an die Beratung auftretende Fragen beantworten dürfe. Sie hätte auch selbst bei sich schauen können, warum sie das Gefühl hatte, unter Druck zu geraten und dabei die Nerven zu verlieren. Sie hätte ruhig sagen können, dass es ihr leid täte, wenn ihre Arbeitsweise nicht zur Zufriedenheit der Kunden wäre, und ruhig und besonnen das Gespräch beenden sowie das Honorar zurücküberweisen können. Ebenso hätte die Kundin überlegen können, warum sie sich nicht auf die Arbeitsweise der Beraterin einlassen kann. Ich kenne beide. Ich denke, dass beide unter sehr großem Druck stehen, in völlig verschiedenen Lebensbereichen zu Hause sind und sich das gegenseitig einfach gespiegelt haben bzw. damit in Resonanz gegangen sind.

Nun wollte die Beraterin das "negative" Geld nicht behalten, so etwas wollte sie nicht haben. Dabei ist das Geld nicht negativ, sondern ihre eigenen Gedanken dazu. Sie wollte das Geld zu etwas

Besserem machen, indem sie es einer Wohltätigkeitsorganisation spendete. Ich hakte ein. Ich fragte sie, was es mit ihrem Gewissen mache, angeblich negatives Geld an eine andere Institution weiterzuleiten? Wenn wir wachsen und heilen wollen, dann ist es unsere Aufgabe, den Dingen eine andere Energie zu geben – und zwar nicht damit, dass wir etwas ablehnen, sondern dadurch, dass wir es annehmen und in uns wandeln.

Ich selbst habe in der Vergangenheit zahlreiche Kontakte abrupt abgebrochen. Heute weiß ich, dass es andere Lösungen gegeben hätte. Manchmal müssen (Ab)Brüche sein, weil einfach kein Konsens zu finden ist, aber dann ist es immer noch wichtig, die eigenen Emotionen und Gefühle dazu zu heilen, die eigenen Resonanzfelder zu finden und zu klären, sonst kommt der nächste Lehrmeister in das eigene Leben und zeigt uns, dass das Problem keinesfalls gelöst, sondern nur verschoben wurde.

Ich habe eine Zusammenarbeit beendet, weil ich verletzt war und kein Vertrauen mehr in diese Geschäftsbeziehung hatte. Trotzdem standen meinem Geschäftspartner noch Zahlungen meinerseits zu, wenngleich dies auch von seiner Seite der Fall gewesen wäre. Er sah das anders. Ich haderte. Sollte ich meinen Anteil leisten? Eine Bekannte riet mir, ihn zappeln zu lassen. Ich entschloss mich anders. Ich zahlte. Viele sagten, ich wäre schön blöd. Nun, es geht nicht darum, dass man alles mit sich machen lässt. Das habe ich auch klar zum Ausdruck gebracht, indem ich diesen Kontakt nach für mich sinnlosen Diskussionen abbrach. Aber ich erfüllte weiter diese vertragliche Seite, unabhängig davon, was der andere mit seiner Sache macht. Für die wird er in seinem Leben irgendwann einstehen müssen, denn Energie geht im Universum nicht verloren. Wie auch immer der Ausgleich erfolgen wird, ob ich das mitbekomme oder nicht, spielt keine Rolle. Es geht darum, in diese Gesetze zu vertrauen, auch wenn sich unser menschliches Ego manchmal etwas anderes wünscht.

Auch meines! Ich zahlte, weil ich dann den Gedanken an etwas Unangenehmes, das sich leider nicht vermeiden lässt, schneller loslassen konnte. Es war erledigt. Ich hätte noch Wochen damit hadern können. Es hätte mich meine Energie gekostet. Ich hätte ihm wochenlang meine Energie gewidmet. Emotionen wie Hass, Neid, Eifersucht schwächen unser eigenes Energiesystem. Ich schade also mir selbst, wenn ich solche Gedanken habe. Nicht dem, über den ich mich ärgere. Es geht um mich, es geht um meinen inneren Frieden.

Es ist viele Jahre her, da wurde ich zu einer Veranstaltung eingeladen, die von einer spirituell Auserwählten – also von der geistigen Welt Auserwählten – geleitet wurde. Es ging darum, dass zwölf Personen dazu auserwählt waren, die Welt zu retten. Abgesehen davon, dass der Vortrag in der Tat sehr viel Wissenswertes über unser Weltgeschehen beinhaltete und es auf jeden Fall sinnvoll war, sich damit auseinanderzusetzen, tauchte diese Dame dann irgendwie unter und man hörte von ihrem Engagement "Die Welt zu retten" nichts mehr.

Es stellt sich dann ja die Frage, ob die geistige Welt Personalersatz beschafft hat und wenn ja – wen? Und wo? Und ist das der Grund, warum so vieles in der Welt nicht funktioniert? Hat man die Falschen auserwählt?

Eine andere Dame verfügt nach eigenen Angaben über die Fähigkeit, die Matrix der Welt zu verändern – und zwar ganz alleine. Sie ist auserkoren, gewisse Netze und Verbindungen zu formen und zu verändern. Abgesehen davon, dass man heute tatsächlich wissenschaftlich in der Quantenphysik die Wirkung – oder sagen wir besser Wechselwirkung – kleinster Teilchen nachvollziehen kann, denken wir doch, dass es etwas vermessen sein könnte, wenn sich eine einzige Person das Formen der Weltmatrix auf die

Fahne schreibt. Noch schlimmer erscheint dabei die Tatsache, dass ihr eigenes Leben so ganz und gar nicht nach ihren Vorstellungen verläuft und sie voller Wut auf ihre Mitmenschen ist. Zieht man den bekannten Spruch "Wie im Innen so im Außen" dazu heran, versteht jeder sofort, dass sie die Energie besser dazu verwenden sollte, ihre eigenen Schatten zu erkennen und daran zu wachsen sowie die Energie ins eigene Leben zu lenken statt ins Außen. Doch viele haben so wenig Selbstbewusstsein (es bedeutet, sich seiner selbst bewusst zu sein!), dass sie ihr Selbstwertgefühl durch Aktivitäten im Außen steigern möchten. Zumal der Blick ins Innere sehr viel Zeit, Arbeit und Geduld erfordern würde.

Es wirft auch die Frage auf, warum jemand, der zu den "Auserwählten" gehört und solches Können hat, offensichtlich Spaß daran hat, dass die Menschen sich weiterhin bekriegen, erschlagen und zerstören. Denn: Es sollte ja allem Anschein nach ein Leichtes für diese Person sein, die die ganze Matrix der Welt verändern kann, einen friedvollen Umgang im Miteinander zu erschaffen, anstatt im Gegeneinander zu bleiben.

Während eines Urlaubes machte ich die Erfahrung, dass man an bestimmten Orten "Esoteriker" sofort erkennt, ohne es zu wissen. Wir checkten im Hotel ein und brachten unsere Koffer auf unser Zimmer. Im Gang kam uns im weißen Dress ein Herr entgegen. Ich war sehr müde, schaute nicht richtig hin und dachte kurz, es wäre der Koch. Beim Abendessen kamen zahlreiche Einzelpersonen in bunten weiten Hosen. Sie hatten alle Tücher um die Taille gewickelt, extrem leger, um es kurz in Worte zu fassen. Das Erste, was mein Mann sagte, war: "Man könnte meinen, hier findet ein Esoterikseminar statt." Er sollte Recht behalten. Der Mann in Weiß war der spirituelle Lehrer. Er war scheinbar so weit entwickelt, dass er uns entweder auf der physischen Ebene nicht mehr sehen konnte oder ihm seine Energie zu schade war, um zu

grüßen. Sein Verhalten war weder freundlich noch offen, eher herablassend. So ging es auch die nächsten Tage weiter. Egal, wann und wo er auftauchte, er zeigte ganz klar, dass er es nicht nötig hatte, irgendjemanden zu grüßen. Auch nicht das Personal. Eine respektvolle Haltung sieht anders aus.
Sollte uns Spiritualität aber nicht genau dahin führen?

Zu oft haben wir auch erlebt, dass es vermeintlich immer nur eine einzige richtige Methode für irgendetwas zu geben scheint. Etwas, das eine spezielle Person bekommen hat, kann angeblich der ganzen Welt helfen. Wir sagen hier bewusst: KÖNNTE! Jeder Mensch ist einzigartig, jeder Organismus, jedes Lebewesen. Vieles kann einer Vielzahl von Menschen oder Lebewesen helfen, und trotzdem darf es unterschiedlich sein.

Es gilt zu begreifen, dass es nicht DEN LEHRER oder DIE LEHRERIN gibt und nicht DAS MITTEL oder DEN WEG!

Abschließend zu diesem Kapitel möchten wir noch den Bericht einer Kundin einfügen, die uns über ihre Erfahrungen mit einem Heiler und Seminarleiter berichtete:
"Im Herbst 2015 schaute ich mir aus Neugier und Langeweile im Netz ein paar Webinare an und stieß auf eine ganz spezielle Therapie. *(Wir bitten hier um Verständnis, dass wir den Heiler und die Therapie sowie den Veranstalter nicht nennen).* Der Heiler war ein erfolgreicher Mann, der sich mit der Therapie selbst von einer schweren Krankheit geheilt hatte und sie daraufhin bei seinen Kunden ausübte. Er wirkte sympathisch, väterlich, ruhig und bot auch Einzelsitzungen an. Zuvor wollte er per Telepathie prüfen, ob er mit dem jeweiligen Kunden arbeiten könne.
Ich meldete mich an, denn ich hatte Fragen zu meinem Wunsch, in der Rente zu schreiben, und zu meiner Ehe. Ob Chancen bestanden, dass er mir helfen konnte, wollte er vorher durch Telepathie

klären. Ich hatte Glück, dass er mich in den Kreis der Behandelbaren aufnahm und er mir einen Termin anbot. Ich fühlte mich geehrt und aufgewertet und freute mich auf das Treffen. Es sollte im Hinterzimmer einer esoterischen Buchhandlung stattfinden. Er kam mir entgegen, ein älterer, eher ungepflegter Mann in einem Schlabberpullover, der keinerlei Optimismus oder Energie ausstrahlte, aber einen warmen Händedruck hatte. Da er kein Deutsch sprach, stellte er mir eine Dolmetscherin vor. Wir saßen in einem dunklen Zimmer, die Anwesenheit der dritten Person war mir unangenehm. Das Zimmer verstärkte die depressive Stimmung, die von ihm ausging. In fast rüdem Ton forderte er mich auf, mein Anliegen vorzutragen. Sein Englisch war noch schlechter als meines. Die Dolmetscherin übersetzte.

Ich begann mit meinem Anliegen, in der Rente zu schreiben. Ich muss dazu sagen, dass ich bereits seit mehreren Jahren als Autorin schrieb, aber noch kein großes Werk publiziert hatte. Kleinere Projekte von mir waren aber bereits veröffentlicht worden.

Er sagte, er müsse erst einmal in sich gehen und seinen Meister kontaktieren, um zu sehen, was er für mich tun könne. Wir versanken alle drei in Schweigen und starrten auf den Boden. Dann richtete er den Blick auf mich und sagte, mein Ansinnen wäre völlig unsinnig. Jetzt noch anzufangen zu schreiben, wäre völliger Blödsinn. Ich solle mir ein Beispiel an der Dolmetscherin nehmen, die würde seit ihrer Jugend ein Buch nach dem anderen veröffentlichen, die könne sogar im Schlaf schreiben, ich aber würde das gar nicht schaffen. Im Übrigen habe er gerade festgestellt, dass er gar nicht mit mir arbeiten könne. Ich würde ja überhaupt keine Verantwortung für mein Leben übernehmen. Wenn er mich behandeln würde, würde ich komplett zusammenbrechen. Auch wenn ich im Alter schreiben würde, würde ich zusammenbrechen. Er wolle sich jetzt von mir verabschieden, ich solle gehen, ich bräuchte auch nichts zu bezahlen.

Er schob mir die Hand hin, bugsierte mich aus dem Zimmer. Sein Ton war während der letzten Sätze anklagend und aggressiv gewesen. Ich war am Boden zerstört, rannte ohne zu grüßen aus der Buchhandlung hinaus nach Hause.

Ich war erschüttert. Zu Hause bekam ich Weinkrämpfe, fühlte mich total verraten, zumal ich ja zuvor zum Kreis der "Behandelbaren" erhoben worden war. Zeitweise zweifelte ich an meinem Talent, mein Selbstwert ging in den Keller, weil ich ja so eine Versagerin war, die angeblich für nichts "Verantwortung" übernahm, was immer das auch heißen sollte.

Am nächsten Tag rief ich die Leiterin des Veranstalters an und schilderte ihr, wieder unter Tränen, den Vorfall. Ich bat sie, mich aus ihrem Verteiler zu nehmen. Sie bot mir, völlig empathiefrei, wie ich finde, an, kostenlos am nun folgenden eintägigen Seminar des Heilers teilzunehmen. Ich konnte nur sagen: "Danke, mir ist schon schlecht."

Ich kann Menschen, die labil sind, nur warnen, sich unvorbereitet solch einer riskanten Erfahrung auszusetzen, bei der man schlimmste Gefühle von Selbstentwertung bis hin zu Selbstmordphantasien entwickeln kann. Gott sei Dank hat sich der selbsternannte Guru nun plötzlich und ohne Erklärung aus dem Betrieb zurückgezogen. Zum Wohle aller, wie ich finde. Das geschilderte Beispiel zeigt, wie viel ein "Heiler" selbst an Themen haben kann und wie sehr er auch Themen seiner Klienten hochholt. So würde der eine Klient, der kein Thema mit Männern hat, vielleicht einfach kopfschüttelnd die Sitzung verlassen und denken: "Was für ein Spinner!" Er würde sich wahrscheinlich einfach nur über die Zeit ärgern, die er verschwendet hat. Doch diese Kundin hat noch einmal zu spüren bekommen, wie sehr ihr Selbstwert von der Bestätigung der Männer abhängt. Ist jemand sehr labil und kommt mit solch einem Menschen in Berührung, kann das schwerwiegende Folgen haben. Wir sind es, die diesen Heilern und Gurus eine Krone aufsetzen und dabei übersehen, dass auch sie Lernaufgaben haben. Sie erinnern sich an den Beginn des Buches? Wo wir beschreiben, wie erschrocken wir waren, dass man uns für allwissend und über allem stehend hielt? Wir sind es nicht!

Das letzte Beispiel hier zeigt aber auch noch einmal deutlich, was wir selbst aus diesen Begegnungen lernen können, auch wenn wir damit erst einmal augenscheinlich nicht den gewünschten Erfolg hatten. Wir können auch hier wieder das Resonanzgesetz anwenden und für uns prüfen, warum wir an solch einen Menschen geraten sind. Welches Thema gilt es in mir zu heilen, welche Gefühle kommen da noch und warten darauf, in Harmonie gebracht zu werden. Woher kenne ich diese Gefühle aus meiner Kindheit? Wie zeigt sich das heute noch als Erwachsener, was da nicht in Harmonie ist? Das sind dann die Punkte, die man gut in einem Coaching und einer Beratung aufzeigen kann – und wenn man bereit ist, sich diesen Gefühlen ganz bewusst zu stellen und sie anzunehmen, dann werden sie in zwischenmenschlichen Begegnungen immer weniger hochkommen.

Wir könnten weiter und weiter schreiben. Jeden Tag erreichen uns neue Beispiele, doch wir glauben, dass wir alles Wichtige aufgezeigt haben. Vielleicht veröffentlichen wir hier und da nachfolgende Ideen einfach auf unserer Homepage als Information oder Blog, wir werden sehen, was die Zeit bringt. Bitte seien Sie künftig achtsam, wenn Sie sich in einem oder mehreren der Beispiele wiedergefunden haben, und nehmen Sie es mit Humor, wenn Sie ab und zu in alte Muster zurückfallen. Sie können jederzeit neu durchstarten und Altes verbessern. Bedenken Sie, es ist keine Anklage, kein Tadel, sondern es geht uns darum, Denkanstöße und Hilfestellungen zu geben, damit Sie Ihren spirituellen Weg leichter gehen können.

Lassen Sie sich auf Ihrem Weg durch die Ängste und Unsicherheiten anderer nicht verwirren.

Hilfreiche Literatur

Praktische Traumarbeit von Ulla Knoll und Sabine Kühn, Silberschnur-Verlag 2013

Jetzt sein von Sabine Kühn, Silberschnur-Verlag 2014

Pendeln für Einsteiger von Sabine Kühn, Silberschnur-Verlag 2014

Eine Minute für mich von Spencer Johnson, Rowohlt-Verlag 2008

Der Magus von Strovolos von Kyriacos C. Markides, Schirner-Verlag 2004

Königreich der Tiere von Dr. William A. Guillory, Eigenverlag 2004

Der Weg zum absoluten Versager von Dr. William A. Guillory, Philip G. Davis, Print System Medien Verlag 2009

Über die Autorinnen

S abine Kühn arbeitet als Reiki- und Aura-Lehrerin, als Aura-Fotografin, Pendel- und Rutengeherin sowie als Geomantin mit dem Schwerpunkt Wohnraumharmonisierung und Störfeldsuche. Die Autorin lebt in Frankfurt.

www.sabinekühn.de

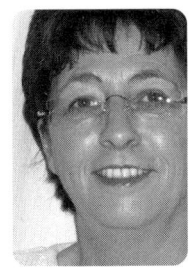

U lla Knoll leitet Seminare und Workshops zu Themen wie Quantum-Denken und Emotionale Intelligenz, wobei sie Fähigkeiten wie Visualisation, Intuition, holistisches Denken und Traumarbeit in ihre Arbeit mit einbezieht.

www.ivrknoll.com

160 Seiten, broschiert
ISBN 978-3-89845-3-967
€ [D] 6,95

Ulla Knoll & Sabine Kühn

Praktische Traumarbeit

Verändern Sie mithilfe Ihrer Träume Ihr Leben.
Träume gelten schon seit der Antike als Wegweiser und Quelle des Wissens, die allen Menschen zugänglich ist, die gelernt oder verstanden haben, ihre Träume richtig zu interpretieren und zu nutzen. In diesem Buch lernen Sie, Traumarbeit aktiv in den Alltag zu integrieren und dadurch Lösungen für Ihre Probleme zu finden. Identifizieren Sie Ihre persönlichen und beruflichen Träume, und setzen Sie sie um. Gewinnen Sie Klarheit über das, was Sie erreichen wollen in Ihrem Leben.
Traumarbeit, wie Sie sie noch nicht kennen!

192 Seiten, broschiert
ISBN 978-3-89845-407-0
€ [D] 6,95

Sabine Kühn

Pendeln für Einsteiger

Pendel & Tensor

Mithilfe von Pendel und Tensoren können Sie sich mit Ihrem Unterbewusstsein verbinden und mehr über sich erfahren. Sabine Kühn bietet einfache Anleitungen, praktische Pendelübungen, Testlisten und Diagramme, mit denen Sie in die Pendelarbeit einsteigen können. Nutzen Sie Pendel und Tensor, um Ihre Persönlichkeit, Ihr Wachstum und Ihre spirituelle Entwicklung zu fördern oder auch um Lebens- und Heilmittel für sich zu testen.

192 Seiten, broschiert
ISBN 978-3-89845-524-4
€ [D] 14,95

Sabine Kühn

Aura für Einsteiger

Sehen, lesen, stärken

Mit diesem Buch lernen Sie schnell und einfach, feinstoffliche Aspekte von Menschen wahrzunehmen und die Aura zu lesen und zu deuten, ja sogar zu stärken.
Auralesen wird eine Bereicherung für Ihr Leben sein: Es unterstützt Entscheidungen, stärkt das Selbstvertrauen und bringt Harmonie in zwischenmenschliche Konflikte.

120 Seiten, broschiert
ISBN 978-3-89845-426-1
€ [D] 6,95

Sabine Kühn

Jetzt sein!

Schnelle Zentrierung & Kraftgewinnung

Sabine Kühn hat eine Lösung gegen Stress und den drohenden Burn-out gefunden. Etwas Einfaches. Etwas Schnelles. Die Kraft des »JETZT SEIN« hilft Ihnen, die Ursachen des Stresses zu erkennen und ihn abzubauen. Sie hilft, sich zu zentrieren, um wieder Kraft, Ruhe und Gelassenheit zu finden. Mit vielen praktischen Übungen.

160 Seiten, 4-farbig mit
Abbildungen, broschiert mit
abgerundeten Ecken
ISBN 978-3-89845-525-1
€ [D] 11,00

Sabine Kühn

Einstieg in die Geomantie

Die Kraft des Lebensraumes nutzen

Dieser leichte Einstieg in die Geomantie zeigt Ihnen, wie Sie Energien wahrnehmen und die Qualität eines Ortes erkennen. Sie lernen, Disharmonien zu erkennen und wieder in die richtige Schwingung zu bringen.

Für die Anwendung in Ihrem eigenen Zuhause bietet Sabine Kühn praktische und erprobte Anleitungen, um Ihre Wohnraumenergien zu verändern, bis Sie sich wohlfühlen.

128 Seiten, 4-fbg.,
wattiert, gebunden
ISBN 978-3-89845-499-5
€ [D] 12,95

Irene Lauretti

Mit der Kraft deiner Hände

Energieheilgriffe für schnelles Wohlbefinden

Durch sanftes Halten der Finger und Berühren bestimmter Energiepunkte am Körper erreichen Sie jeden Bereich Ihres Seins. Mit den Heilgriffen aus diesem Buch gelangen Sie einfach, effektiv und schnell zu mehr Wohlbefinden, Gesundheit und Vitalität!

400 Seiten, gebunden
ISBN 978-3-89845-541-1
€ [D] ca. 26,95

Carola Hempel

Die Quelle der Spiritualität
Die Verbindung von Wissenschaft, Religion und Philosophie

Sind die großen Religionen wirklich so unterschiedlich, wie wir heute glauben? Haben nicht alle Religionen einen Kern, schöpfen nicht alle aus derselben Quelle? Dieses Buch deckt das geheime Wissen, die wahren Inhalte der geheimen Lehren der Religion, Esoterik und Naturwissenschaft auf. Carola Hempel erläutert die einzelnen Wege zur Quelle der Spiritualität in den verschiedenen großen Ur-Religionen und zeigt den übergeordneten roten Faden auf, der alle großen Lehren, Philosophien, Religionen und die gesamte Bandbreite der Spiritualität mit ihren vielen Facetten verbindet.

296 Seiten, broschiert
ISBN 978-3-89845-469-8
€ [D] 16,95

Usha Gönnawein

33 kosmische Gesetze zum Verstehen des wahren Seins

Usha Gönnawein macht Sie mit den 33 kosmischen Energiegesetzen vertraut und gibt Ihnen die Möglichkeit, die Neue Energie zu erkennen, zu deuten und anzuwenden. Die geistigen Gesetze dieses Buches helfen Ihnen zu begreifen, warum Sie hier sind, wie Sie sind, was Sie noch lernen dürfen und wie Sie das Gelernte anwenden können, damit Sie als Mensch Ihre Göttlichkeit erkennen. Weit mehr als ein Ratgeber oder ein Übungsbuch, beflügelt Sie dieses Bewusstseinsbuch behutsam zu einem neuen Verstehen Ihres wahren Seins – für ein leichteres und zufriedeneres Leben in Fülle!

160 Seiten, gebunden
ISBN 978-3-89845-516-9
€ [D] 12,95

Bärbel Mohr

Bestellungen beim Universum
Ein Handbuch zur Wunscherfüllung

Bärbel Mohr zeigt dir, wie du dir den Traumpartner, den Traumjob oder die Traumwohnung u.v.m. beim Universum »bestellen« kannst. Ihre Rezepte zur Erfüllung deiner Wünsche helfen dir, die Wunschbestellung erfolgreich abzuschicken und die georderte Lieferung in vollem Umfang zu erhalten.

192 Seiten, broschiert
ISBN 978-3-89845-544-2
€ [D] 12,95

Bärbel Mohr

Der Skeptiker und der Guru
Auf dem Weg zur eigenen Wahrheit

In Bärbel Mohrs humorvollem Roman begegnen wir einem Paar auf einer Reise in einen Ashram. Er ist skeptisch und will den Guru als Verführer der Seelen entlarven. Sie ist spirituell und himmelt den Guru geradezu an. Beide berichten in ihrem Tagebuch über die Begegnungen mit dem Guru – wobei alles dann doch ganz anders wird als erwartet ...

144 Seiten, broschiert
ISBN 978-3-930243-68-6
€ [D] 14,95

Douglas Harding

Die Entdeckung der Kopflosigkeit
Einfach sehen, wer ich wirklich bin

Douglas Harding lehrt uns zu sehen wie die Mystiker, Erlerntes beiseite zu schieben und auf intelligent-naive Weise das wahrzunehmen, was von unserem Standpunkt aus wirklich da ist. Er nutzt die Beobachtungsmethode der Wissenschaft, um zur eigenen zentralen Identität zu finden. Gleichzeitig überprüft er die Behauptung der großen Mystiker der Welt, dass unsere wahre Identität Gott ist, Buddha-Natur, das eine Selbst in allen Wesen.

136 Seiten, broschiert
ISBN 978-3-930243-69-3
€ [D] 12,95

Sally Bongers

Alltägliche Erleuchtung
Sieben Geschichten über das Erwachen

Sally Bongers gelang es, sieben Menschen aufzuspüren und zu interviewen, die nach ihrem Erwachen im Verborgenen blieben und nicht wie andere zu Lehrern und/oder Autoren wurden. Anonym schildern sie hier die Geschichte ihrer Transformation und berichten davon, wie sich ihr Alltag seitdem gestaltet. Dabei räumen sie mit zahlreichen falschen Vorstellungen von der Erleuchtung auf, die viele spirituelle Sucher hegen.

Weiterführende Informationen zu
Büchern, Autoren und den Aktivitäten
des Silberschnur Verlages erhalten Sie unter:
www.silberschnur.de

Natürlich können Sie uns auch gerne den
Antwort-Coupon aus dem beiliegenden
Lesezeichenflyer zusenden.

Ihr Interesse wird belohnt!